编委会

川流中国

开天河

封面新闻◎编著

劈山夺水　贯通南北
大江大河　川流中国

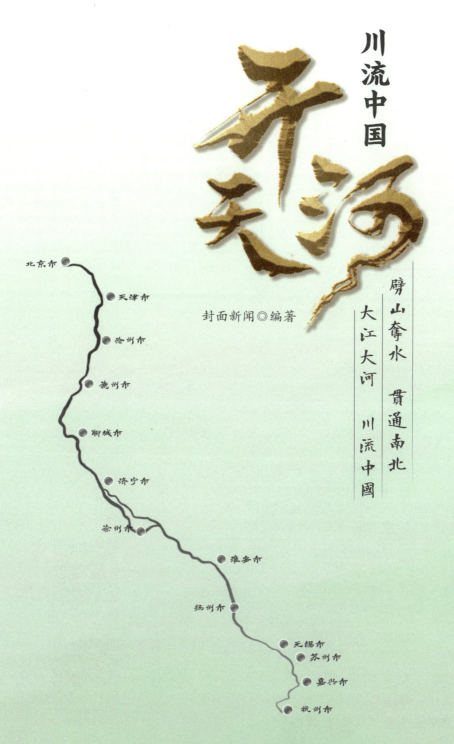

北京市
天津市
沧州市
德州市
聊城市
济宁市
徐州市
淮安市
扬州市
无锡市
苏州市
嘉兴市
杭州市

四川大学出版社
SICHUAN UNIVERSITY PRESS

图书在版编目（CIP）数据

川流中国 ： 开天河 / 封面新闻编著 . -- 成都 ： 四
川大学出版社，2025. 1. -- ISBN 978-7-5690-6968-6

Ⅰ . K928.42

中国国家版本馆 CIP 数据核字第 2024ME7943 号

书　　名：川流中国·开天河
Chuanliu Zhongguo · Kai Tianhe
编　　著：封面新闻

出 版 人：侯宏虹
总 策 划：张宏辉
选题策划：侯宏虹　欧风偃　宋彦博
责任编辑：刘柳序
责任校对：吴连英
装帧设计：封面新闻
责任印制：李金兰

出版发行：四川大学出版社有限责任公司
　　　　　地址：成都市一环路南一段 24 号（610065）
　　　　　电话：（028）85408311（发行部）、85400276（总编室）
　　　　　电子邮箱：scupress@vip.163.com
　　　　　网址：https://press.scu.edu.cn
印前制作：四川胜翔数码印务设计有限公司
印刷装订：四川盛图彩色印刷有限公司

成品尺寸：160 mm×230 mm
印　　张：17.5
插　　页：2
字　　数：258 千字

版　　次：2025 年 1 月　第 1 版
印　　次：2025 年 1 月　第 1 次印刷
定　　价：78.00 元

扫码获取数字资源

四川大学出版社
微信公众号

致《川流中国·开天河》：保护传承利用大运河是篇"大文章"

朱炳仁

在中国辽阔的版图上，有一个独特的"人"字印记，它不仅是地理形态的巧合，更是中华民族智慧和勤劳的结晶。这个"人"字的一撇是蜿蜒起伏、气势磅礴的长城，而那一捺，则是流淌千年、生生不息的大运河。

从地理维度看，大运河是"大"的，它巧妙将海河、黄河、淮河、长江、钱塘江等中国主要水系串联起来，形成一个庞大的内河交通网络，是世界上开凿最早、规模最大的运河。

除了大，大运河的活力，更深深根植在"运"字之中。这个"运"既指其重要的经济运输功能，更是指其乃文化交流的桥梁和纽带。"至今千里赖通波"，千百年来，大运河如同一条生命之河，滋养着沿岸的土地和人民，促进了南北货物的流通，也见证了中华文明的传承与发展。

作为一个非遗铜雕技艺的传承人，我不是运河专家，也不是水利专家，但非常有幸的是，我与大运河结缘了。我出生在浙江绍兴，在杭州长大。杭州是京杭大运河的南方终点，也是浙东运河的起点。浙东运河，是中国大运河的组成部分，也是大运河入海的"最后一公里"。以前每天上班，都要穿过大运河，生活工作都与运河息息相关。

怀着对运河的热爱，我始终梦想能为它的保护贡献一份力量。直到2005年年中，当时，我计划在大运河修建一座铜桥，但不幸"流产"。正值时年81岁的古建筑专家罗哲文和89岁的城市规划专家郑孝燮来杭州开会，我前去探望时，将此遗憾告诉二老。

郑老告诉我，"铜桥建不成，咱们可以搭另一座桥，一座通向运河申遗的桥，把大运河的文化风貌、历史价值保护下来，展示给未来的世界。"听了这句话，我当即就被这一想法吸引。我意识到，与其建一座有形的铜桥，不如搭一座无形的桥。

大运河属于"活着"的遗产，至今仍在使用中，当时国内外专家对其申遗争议很大。为凝聚共识，我们三人起草一封《关于加快京杭大运河遗产保护和"申遗"工作的信》，寄给大运河沿线18座城市的市长。没想到，一石激起千层浪，正是这封信，掀起了人们关注运河保护的热潮。

据统计，2006年相比2005年，媒体关于运河的报道量增加了至少20倍。尤其是沿运河的城市对运河关注的热情一下子高涨起来。当时的各路媒体，也将我与两位德高望重的学术前辈并列，被尊称为"运河三老"，当是诚惶诚恐。

在2006年的全国两会上，全国政协委员、全国政协文史委副主任刘枫领衔58位委员群起响应"运河三老"的呼吁，草拟了一份影响深远的"大运河申遗提案"。随即，由国家文物局牵头联合运河沿线35个城市共同参与的全国大运河资源调查工作启动，从而拉开了我国保护大运河的大幕。当年6月，京杭大运河升格为全国文保单位，短短半年后，又被列入了《中国世界文化遗产预备名单》。

2006年、2007年两年间，我和罗老随全国政协考察团两次考察大运河全程。2014年6月22日，在卡塔尔多哈举行的第38届世界遗产大会上，中国大运河成功列入世界文化遗产名录。

大运河申遗成功了，但在我的心里却是感慨多于激动。当年在考察运河时，我曾陪同郑老和罗老一起到广济桥登桥寻古。当郑老踏上广济桥后，抚摸着石栏杆，像个孩子一样兴奋地喊着："老朋友，我终于又来看你了！"郑老对祖国传统文化遗产深厚的爱，真让我动容了。

可惜，最该高兴、为大运河申遗付出毕生精力的罗老已于2012年仙逝，非常遗憾没有看到大运河申遗的成功。郑老当年已98岁，罹患心脏病，我们甚至不敢把这激动人心的好消息告诉他。

作为"活"的文化遗产，在申遗成功后，大运河不能总是保持老面孔，还要走向现代，走向未来。在大运河的保护传承利用中，如何贯彻科学发展观，更加注重京杭大运河的整体风貌，确保沿线文物得到有效保护，并合理利用资源，维护生态环境，实现可持续发展，使古老的运河焕发新的青春与活力，这个问题一直是我在思索中的。

"零保护"概念也是我提出的一个思考方式。它并不是指完全不进行任何干预或保护，而是强调在尚未达成共识或条件不成熟时，采取谨慎、中性的态度，避免过度开发或破坏。

具体来说，"零干预保护"强调对自然状态的尊重与维护，"零使用保护"则倡导在特定区域或时段内限制人类活动以减少对环境的压力，"零发展保护"则是在保持现状的基础上，避免盲目追求经济发展而牺牲文化遗产的完整性。当然，"零保护"并非孤立的概念，它需要与其他多种保护方式相结合，形成互促互补的保护体系。

今年是大运河申遗成功十周年，作为工匠和传承人，我在大运河畔第一古镇——塘栖镇广济桥边，建立了中国第一个大运河与铜文化相"熔"的主题艺术馆，完整展出"运河三老"在申遗和保护过程中的重要材料、实物文献和影像资料等，这是对前人最好的致敬方式，也是我为大运河活态遗产保护与传承尽的绵薄之力。

守护活态遗产，传承千年文脉。我衷心希望，通过这座艺术馆，能让更多的人了解大运河、爱上大运河，共同守护这份宝贵的文化遗产，让大运河的明天更加美好，流淌不息。

前　言

　　一条大运河，半部华夏史。

　　何谓"运"？国有国运，人有人运。什么叫时来运转？什么叫运筹策帷帐之中，决胜于千里之外？

　　一画开天、愚公移山、精卫填海……我命由我！中国人对"运"有着自己的理解。南北一笔相接，从此中国版图上一道"天河"应运而生：上下2500年，绵延3200千米，中国人的文运、经济运、国运也由此开端。

"经纬中国、运通华夏"，大运河沟通海河、黄河、淮河、长江、钱塘江五大水系，流经京津冀鲁苏浙豫皖8个省市，是世界上使用时间最久、里程最长、辐射面积最广、牵涉人口最多的人工河流，为中国的文明脉络，写就了另一种可能。

习近平总书记指出，大运河是祖先留给我们的宝贵遗产，是流动的文化，要统筹保护好、传承好、利用好。

2023年夏天，封面新闻派出多组记者，从蜀地出发，顺长江而下，来到大运河与长江的十字路口。一路向北，过山东、穿河北，直抵北京；一路向南，通江苏、到浙江，停泊杭州、绍兴。我们不断打捞千年智慧的遗迹，见证不断被改写的传奇。

"假如没有京杭大运河，四大名著不一定有问世的机会。"茅盾文学奖获奖作家徐则臣的提醒，让我们赫然发现，曹雪芹的祖父曹寅，正是漕运红人，运河以某种方式进入《红楼梦》中；《西游记》作者吴承恩生长的淮安河下古镇，正是京杭大运河沿线的重镇；只有对水边生活极为熟悉的施耐庵，才能把水泊梁山的聚义生活写得如此地道……

如果没有大运河，乔维岳不会修建世界上第一个复式船闸，这项技术比西方领先了整整400年；沈括也不会在扬州写出《梦溪笔谈》，现代中国将会失去一个了解老祖宗高超科技的机会；也不会有宋礼伐木四川，将上好的金丝楠木从大运河送到北京，建起了北京城……

但大运河不仅仅是生母，孕育了两岸的政治、经济、科技和文化的繁荣，大运河还是乳娘，滋养着一代又一代的大河儿女。

在杭州，我们见到了率先提出大运河申遗的"运河三老"之一朱炳仁。他说，运河是他生活中很重要的一个朋友，很亲切，每天要跟它交流，跟它谈天。在山东武城，已经79岁，一辈子没有离开过大运河的王和平老人，每天下午都会在距离河岸只有几十米的活动中心，与村民们聊天，练习书法。而在临清鳌头矶边的公园里，更是有京剧票友们面朝大运河，"咿咿呀呀"，延续着京剧之乡的美誉。

行走在大运河边，我们去过的每一个地方，见过的每一个人，都在

拱宸桥（谭羽清摄）

用鲜活的语言讲述着他们与大运河的故事，都在热烈而努力地生活。

此刻，我们将32篇稿件结集付梓，向世界诉说大运河的欢笑与泪水、前世与今生。尽管我们想向大家展现大运河的全貌，但无奈大运河的故事太多太多，因此只能寄望于本书，能够激起大家对大运河的热爱与保护，或者，有一天能够亲自用脚步去丈量大运河，在新时代的世界格局之下，参与保护和传承大运河文化，亲自感受"一河千载通南北"的壮举。

运河奔腾

目　录

开天河·新生

开天河

见 证

引言

世界上被称作"大运河"的河有很多：在水城威尼斯，3.8千米的"大运河"连接城市与潟湖；在爱尔兰，"大运河"从香农河直通首都都柏林；在法国，阿尔萨斯"大运河"是莱茵河上的明珠……但被全世界公认的、不需要贴上其他标签的、真正的"大运河"，在中国。

大运河，流淌的文化之河

2500年前，吴王夫差命人开凿邗沟，使"大运河"成了世界上历史最悠久的人工运河；之后长达两千多年的疏浚、改道、修建，让京杭大运河成为一条长达1700多千米的长河，是全球第二大运河苏伊士运河的16倍，第三大运河巴拿马运河的33倍。

隋炀帝开通大运河之后，扬州凭借着大运河枢纽的地位成为东南第一大都会，此后"扬一益二"名扬天下；在南宋，京杭大运河是最著名的水道，四方公私之船入运河"如履平地，川、广巨舰，直抵都城（今杭州）"。

大运河，不仅贯通了南北，也是世界了解中国的一个窗口。唐代高僧鉴真6次东渡，几乎都是从扬州由大运河出发。日本天台宗僧人圆仁撰有《入唐求法巡礼行记》，明确记载游历大运河的过程："……掘沟（指人工开凿的大运河）宽二丈余，直流无曲，此即隋炀帝所掘矣……"举世闻名的旅行家马可·波罗在他的游记中也详细记录了大运河两岸扬州、苏州、杭州等城市的富庶与繁华。

绵延千里的大运河里，也曾流淌过中国诗歌的平仄之美。宋之问、王维、孟浩然、韩愈、刘禹锡、白居易、杜牧、李商隐、柳永、范仲淹、欧阳修、王安石……都用他们优美的诗句歌咏过大运河。诗仙李白在大运河上写下了与其一贯风格大相径庭的"吴牛喘月时，拖船一何苦。水浊不可饮，壶浆半成土"。杨万里甚至在《练湖放闸》中描写了练湖开闸济水大运河的壮观景象："满耳雷声动地来，窥窗银浪打船开。练湖才放一寸水，跳作冰河万雪堆。"

科技，让大运河更加璀璨

"斗门贮净练，悬板淙惊雷。"南宋诗人范成大曾经这样描述过大运河上船闸注水的场景，那时的他应该不会意识到，大运河不仅是一条文化之河，也是科技之河。

早在范成大出生前142年，淮南转运使乔维岳便在淮南漕渠修建了一

山东临清段元运河上的船闸（闫雯雯摄）

道复式船闸，这比在欧洲出现的同类船闸早了389年。北宋著名科学家沈括在《梦溪笔谈》中也有关于船闸的记录。而沈括与大运河的缘分不仅仅如此，《梦溪笔谈》就写于大运河畔的镇江，沈括自己在年轻时也曾经参与过通济渠的勘探和治理。

与张衡、祖冲之、落下闳等人齐名的天文学家郭守敬，设计了京杭大运河山东段的河道线路，领导开凿了大运河最北一段——通惠河，首次实现了元代南北大运河由北京到杭州的全线通航。

从元代到清代，京杭大运河在北京和杭州之间流淌了700年，是"百万漕工衣食所系"。受历史演变、人类活动和气候变化的影响，20世纪初，京杭大运河出现断流。一直到2022年，水利部联合京津冀鲁四省市开展京杭大运河全线贯通补水工作，京杭大运河在百年之后，再次实现全线水流贯通。

申遗，让大运河重获新生

中国大运河是世界上开凿时间最早、沿用时间最久、长度最长的人工运河，在促进国家统一、政权稳定、经济繁荣、文化交流和科技发展等方面发挥了不可替代的作用。

它流经8个省市，沿线蕴藏着丰富的物质遗存和非物质遗产。2000年以后，保护大运河，发展运河沿线的文化，渐渐成为人们的共识；申请世界文化遗产，将大运河文化推向世界，也成了人们热议的话题。

2005年，郑孝燮、罗哲文、朱炳仁联名给运河沿岸18座城市的市长寄去公开信，这拉开了京杭大运河申遗的序幕。他们三人也被称为"运河三老"，成为大运河申遗的标志性人物。

2006年3月，58位全国政协委员联名向全国政协十届四次会议提交了《应高度重视京杭大运河的保护和启动"申遗"工作的提案》，呼吁启动对京杭大运河的抢救性保护工作，并在适当时候申报世界文化遗产。5月，全国政协组织委员和专家考察京杭大运河保护与"申遗"活动的情况，对运河全线进行调查研究，并通过《京杭大运河保护与申遗杭州宣言》。同年12月，国家文物局公布了重设的《中国世界文化遗产预备名单》，将原先榜上无名的京杭大运河列在首位。由此，大运河申遗进入了快车道。

经过长达8年的努力，2014年6月22日，在卡塔尔首都多哈召开的第38届世界遗产委员会会议上，由京杭大运河、隋唐大运河和浙东运河组成的中国大运河被列入世界遗产名录。

中国大运河是中国第46个世界遗产，全线共有27段河道、58个遗址点列入《世界遗产名录》。

习近平总书记曾指出，千百年来，运河滋养两岸城市和人民，是运河两岸人民的致富河、幸福河，希望大家共同保护好大运河，使运河永远造福人民。

2019年，中共中央办公厅、国务院办公厅先后印发《大运河文化保护传承利用规划纲要》和《长城、大运河、长征国家文化公园建设方案》，对大运河文化带建设提出明确要求。

如今，大运河沿岸各地都在加强运河生态保护修复，"让古运河重生"已经渐渐从文件中走进了人们的生活。

单霁翔：中国大运河是我们民族流动的血脉

　　全长3000多千米的中国大运河，是水利大动脉，也是沿线人民的乡愁。20多年来，许多文化名人为保护大运河而奔走呼号，其中就包括中国文物学会第八届会长、故宫博物院第六任院长单霁翔。

　　一走进浙东运河博物馆，在展厅里非常显眼的位置，张贴着单霁翔在运河沿岸考察时候的照片。与大运河结缘超过20年，从提交建议引起全国政协重视，再到申遗成功之后用各种方式讲好大运河故事，单霁翔身体力行，保护着沿线老百姓的乡愁。

　　早在2003年，时任国家文物局局长的单霁翔就将目光投向大运河。此后5年，他提交了4份全国政协提案，从保护地上地下文物古迹，到整体保护大运河文化资源，从推进大运河申报世界文化遗产，到呼吁制定大运河保护条例等方面提出建议，持续关注这条昼夜奔腾的人工河流。直至2014年6月22日，在众人坚持不懈的努力之下，中国大运河成功入选世界文化遗产，成为我国第46个世界遗产项目。

　　2023年6月，在中国大运河申遗成功9年之后，单霁翔聊起大运河依然如数家珍，无论是漫漫申遗之旅中获得的专家学者的支持，还是运河流经城市的独特魅力，或是在调研中亲身感受到的两岸居民自发投入运河保护的高涨热情，他都脱口而出，滔滔不绝。谈及大运河的作用，他列举了一个生动的细节："明初修建紫禁城，人们通过大运河将大量的木料运往京城，有些来自四川的木料，往往需要两三年时间才能漂到北京。"

　　在单霁翔看来，中国大运河不仅是活态的文化遗产，是民族流动的血脉，也是亿万中华儿女共同的精神家园。大运河哺育了沿岸的城市和百姓，运河城市因运河而生，因运河而兴，因运河而盛。申报世界文化遗产不是终点，而是保护行动的开始。

大运河文化遗产特别丰富 提建议引起全国政协重视

单霁翔最早关注大运河，始于南水北调工程启动之初。2003年，南水北调东线、中线工程同时开工，涉及沿线众多文物古迹，为了在工程开工之前做好古建筑、古遗址的保护工作，国家文物局组织开展了南水北调沿线文物资源调查。在这个过程中，他发现大运河文化遗产特别丰富，直接涉及800多处地上地下的文化遗产。当年，他在全国政协会议上提交了《关于在南水北调工程中重视文物保护的建议案》，提出要注重大运河文化遗产的保护，40多名全国政协委员与他联名提交了提案，引起全国政协的重视。

考察南水北调工程文物保护

2004年3月，单霁翔又提交了《关于大运河文化遗产保护亟待加强的提案》，直指大运河文化遗产保护。这是最早的关于大运河文化遗产保护的专项提案，得到了樊锦诗等全国政协委员的联名支持。

2006年，国务院批准京杭大运河成为全国重点文物保护单位，对跨越6个省、直辖市的24个城市的大运河文化遗产，实施整体保护。这在文化遗产领域是一个具有划时代意义的事件。因为在此之前，从来没有跨越这么多省、市的全国重点文物保护单位，例如长城，每次公布文物保护单位时，都是仅将一些点段列入保护。相比之下，大运河就比较幸运。这让大家信心倍增，畅想能否进一步将大运河申报世界文化遗产。当年年底，国家文物局重设了《中国世界文化遗产预备名单》，在专家的建议下，将大运河列入其中。

2007年3月，单霁翔又提交了《关于推进大运河申报世界文化遗产工作的提案》，再次得到40多位全国政协委员的签名支持。当年9月26日，大运河联合申遗办公室在扬州正式揭牌。申报世界文化遗产的大运河，不仅包括京杭大运河，而且包括隋唐大运河、浙东运河。此后，大运河文化遗产保护和申报世界文化遗产的行动在全国各地蓬勃开展。

2008年，在对大运河开展持续的考察调研后，单霁翔提交了《关于尽快制定〈大运河保护条例〉的提案》，提出将大运河保护纳入法制管理轨道。

成功申报世界文化遗产　大运河获世界一致认可

历史上，大运河破土动工的第一锹土在扬州开挖，所以，将大运河联合申遗办公室设置在扬州具有特殊意义。

2008年3月23日，国家文物局主持召开了大运河保护和申遗工作会议，正式启动了大运河申报世界文化遗产工作程序，首要任务就是编制保护规划，严格按照三个步骤层层推进。

2009年，国务院牵头成立了由13个部委和8个省市组成的大运河保护和申遗省部际会商小组，并在之后的每年召开工作会议，让大运河保护得到各个方面的支持。国家文物局多次召开大运河申遗会议，针对保护和申遗过程中的重要问题进行研究部署。例如，南旺枢纽工程大遗址的保护是申遗工作推进的关键节点，张廷皓委员线上持续推进，让这个工作成为大运河遗产保护的典范。

扬州是大运河申遗的牵头城市，每年都会举办世界运河名城博览会、运河名城学术研讨会等活动，先后邀请了世界各国运河城市的市长、专业组织、专家学者前来参与，扩大了中国大运河的知名度和影响力。

单霁翔在中国扬州世界运河名城博览会专家论坛发言（2008年9月26日）

大运河申遗过程中，杭州、扬州、苏州、无锡、济宁等市妥善处理了城市发展和运河保护的关系，在探索和实践中既保护了城市的独特风貌，也让运河文化绵延不绝。

2014年6月22日，中国大运河成功入选世界文化遗产。这意味着大运河的普遍价值、真实性和完整性，以及几代人为保护这些珍贵遗产付出的努力，得到了世界遗产委员会和国际专业咨询机构的一致认可。

一条民族流动的血脉　保护沿线百姓的乡愁

"大运河不仅是一条河流，而且是一个涉及交通、水利、地理、历史、生态等诸多方面的文化长廊。如果说长城是中华民族坚挺的脊梁，

大运河就是我们民族流动的血脉。"单霁翔深情地说。

在中国版图上，长城和大运河如同一撇一捺，构成一个大写的"人"字。在"人"字的西侧有陆上丝绸古道，东侧则有海上丝绸之路，它们像中华大地上的彩带飘展开去。正是这样一个脊梁坚挺、血脉流畅、开放包容的"人"，生动地体现出中华民族进步与发展、交流与对话的文明历史。

大运河是世界上开凿时间最早、流程最长的人工河，是我国充分尊重自然、利用自然，保证人与自然和谐共生，造福沿线城市的水利大动脉。大运河与国家的政治中心、经济中心、文化中心关系紧密，是中国历史上南粮北运、商旅交通、军资调配、水利灌溉等功能的生命线，至今依然发挥着很多重要的功能，需要我们永续保护、传承和利用。

大运河跨越8个省市，35座城市，各个省市的特点都不一样，我们应该如何保护这一巨大的线性文化遗产？单霁翔提出，应该因地制宜，保护沿线地方的特色。

过去人们所保护的往往是静态的文物资源，但大运河是活态、复合型的文化遗产。我们不仅要保护大运河的河道景观和运输功能，也要保护传统的街道，保护普通百姓生活其中的传统村落，以及工业遗产、百年老字号等，还要保护老百姓的生活方式以及民风民俗。"我们在保护大运河文化的同时，也要保护沿线人民的乡愁。"

活着的文化遗产　更新了保护理念

申报世界文化遗产，道阻且长。大运河的保护及申遗历程，为中国文化遗产保护事业带来了一些启示。

大运河是一个生长的、流动的文化遗产，改变了传统的文物保护的理念和格局，让人们真正从"文物保护"走向"文化遗产保护"。单霁翔谈到，大运河让大家清晰地看到了文物保护与文化遗产保护之间的巨大区别。

　　过去的文物保护工作，第一要义是保护文化要素。而大运河的保护工作，不仅要保护文化要素，还要保护文化要素和自然要素相互作用下形成的文化景观。

　　文物保护的对象往往是静态的古遗址、古墓葬、石窟寺，哪怕是万里长城，都已经失去了最初的功能，变为今天被研究、被观赏的对象，但大运河是"活着的、流动着的文化遗产"，至今仍发挥着运输、灌溉、防汛、南水北调等重要功能，这让人们在保护理念、范围等方面产生了一些新的认识。

　　在时间尺度方面，文物保护侧重古代的宫廷建筑、寺庙遗址，对当代的东西不够重视，而大运河是由古代遗址、近代史迹、当代遗产共同构成的"文化遗产廊道"——现当代的大型水利枢纽、水上立交，沿线老百姓生活的乡土建筑、传统民居等"民间文化遗产"，都已经纳入了保护的范畴。

　　就空间尺度而言，过去的文物保护关注散点式的桥、塔、古建筑，后来国家确定历史文化名城，是一种由点及面的进步。而大运河是由点、线、面共同构成的"线性文化遗产"，京杭大运河、隋唐大运河、浙东运河串联起了西连陆上丝绸之路，东连海上丝绸之路的民族迁徙、商品贸易、文化交流大通道，如此气贯长虹的文化遗产保护格局，在世界范围内也绝无仅有。

　　最后，文物保护只保护物质要素，但是文化遗产保护还要保护由物质要素和非物质要素结合而形成的"文化空间"。大运河拓展了文化遗产的保护形态，运河沿线的亿万民众自发参与保护家乡故土的文化遗产，他们的态度和行动非常重要。

一部大百科全书　讲好河流的故事

　　大运河像一部大百科全书，在中国所有的文化遗产中，它涉及的区域、城市、当地民众的生活最为丰富，至今还在造福我们的城市，影响我们的生活。

这是一条有故事、有生命力的河流。大运河沿线的每个城市都有自己的故事，如何把这些故事整合起来，作为我们讲好中国故事的重要组成部分，这一点至关重要。

过去几年，单霁翔写了《大运河漂来紫禁城》这本书，成立了大运河保护研究中心，组织了运河沿线35座城市文化交流的活动，把大运河的故事讲给更多人听，让大运河能够更鲜活地呈现在人们的生活中，促使人们尊重它、保护它，让它汇入更多民众的现实生活，成为促进经济社会发展的积极力量。

不仅如此，单霁翔也在探索当下最为时髦的传播方式，吸引更多年轻人关注大运河。例如，他在退休之后参与了《万里走单骑——遗产里的中国》这档文化综艺类节目，并探访了包括大运河在内的诸多世界遗产。

继《万里走单骑》第二季走进扬州之后，这档节目第三季继续通过文化综艺的形式，让更多人了解了德州大运河。

过去提起运河故事，大家很少讲到德州，其实德州运河拥有十分悠久的历史。早在1400年前，伴随着永济渠的开通，德州进入了大运河时代。德州是大运河沿线保护工程中最具原生态的段落之一，为了解决河道落差大、水流急等问题，人们修筑了一些弯道来降低水流流速，这种"三弯抵一闸"的方式，满足了干流行洪的需要，也有效提高了通航质量，这是古代工程智慧的一种表现。

除此之外，日新月异的数字技术，也在成为讲好运河故事的重要推手。大运河沿线有十多个颇具规模的与大运河文化相关的博物馆，例如扬州的中国大运河博物馆、北京正在建设的北京大运河博物馆等。正如故宫的数字博物馆一样，这些博物馆应用了一些数字技术来讲述运河故事，给人们带来了一些沉浸式体验，让更多观众参与其中，受到启发，也让文物活起来。

此外，数字技术在传播方面也大有裨益，能让一些文化综艺节目、讲座、活动在互联网上得到更为广泛、更加有效的传播，吸引更多人参与大运河的保护。继《登场了！北京中轴线》之后，单霁翔还将拍摄一档与大运河相关的节目，在船上解读与运河相关的历史人物，关照当代人的生活，让大运河"活化新生"。

（封面新闻记者　曾洁）

"运河三老"之朱炳仁：我每天都想和大运河谈谈天

"运河三老"之一朱炳仁讲述运河申遗背后故事

如果将京杭大运河的历史价值、文化内涵和对中国历史发展贡献相加，可以毫不夸张地说，足以与长城媲美。……我们完全有理由相信，通过"申遗"，京杭大运河完全可以形成一条有中国特色的新的文化与自然景观带；在保护和弘扬中华千年文化的同时，还能够使京杭大运河沿岸人民的生活变得更美好。

——《关于加快京杭大运河遗产保护和"申遗"工作的信》

（2005年12月15日）

"大运河就是一个老朋友，我每天都想和它谈谈天……"走进朱炳仁的江南铜屋，刚一坐下，他就这样说道。

朱炳仁的名字前，总是会加上一些头衔：中国工艺美术大师、国家级非遗铜雕技艺代表性传承人、中华老字号"朱府铜艺"第四代传人、中国文物学会大运河专业委员会名誉会长等，而"运河三老"则是他较为看重的一个。

"运河三老"，并不是什么官方认证的头衔，但对于大运河申遗来说，却代表了意义非凡的起点。

2005年12月，时年61岁的朱炳仁，与90岁的郑孝燮、82岁的罗哲文一起，起草了一封公开信，正式拉开了大运河申遗的序幕，他们三人因此被称为"运河三老"。2023年5月15日，朱炳仁再一次回忆起了18年前的那个冬天……

"运河三老"郑孝燮（左）、罗哲文（中）和朱炳仁（右）
在运河沿线调研（朱炳仁工作室供图）

有幸与大运河结缘

朱炳仁的江南铜屋位于杭州的河坊街。从铜屋出发，出门右转，直线距离300米，是大运河的水柜——西湖；左转，也是300米，则有一条水道"中河"，直通大运河。

"其实我并不是运河研究专家，也不是水利专家，只是非常有幸和大运河结缘了。"朱炳仁这样说道。

1944年，朱炳仁出生于浙江绍兴，这里流淌着浙东运河，是中国大运河的组成部分，也是大运河入海的"最后一公里"。他生长在一个铜艺世家，爷爷和太爷爷都是绍兴知名的铜艺师傅；父亲迁往杭州之后，虽然因擅长字画开了书画社，但没有放弃自己的制铜手艺。而朱炳仁，

朱炳仁铜壁画《大运千秋》（局部）（朱炳仁工作室供图）

则是在进入不惑之年后，才开始学习如何炼铜。

对于铜雕这门流淌在血脉里的手艺，朱炳仁很快便上了手。他一头扎进书堆，从做铜字、铜牌开始，对铜雕艺术进行挖掘和研究。

功夫不负有心人，他结束了古今中外铜雕艺术中没有铜刻壁画的历史；在经过反复试验和探索后，他让雷峰塔"披"上了彩色铜衣，成为中国第一座彩色铜雕宝塔；而峨眉山的金顶，也有了他的作品。"朱炳仁"三个字成为中国铜建筑领域响当当的金字招牌。

尽管已经功成名就，足迹也踏遍了祖国的大好河山，但朱炳仁心里却始终装着一道窄窄的河湾："以前每天上班都要穿过大运河，生活、工作都与运河息息相关。"

从未建成的桥到申遗之桥

大运河，是朱炳仁的乡愁。

随父亲从绍兴迁居杭州后，大运河一直是他的玩伴：居住在离运河不远的地方，生活、工作都不乏运河的参与，尤其是年轻的时候，很喜欢在运河边游玩。那时，他看到的运河，充满着人间烟火。

"杭州有很多的码头，渔民、船民开着小船、渔船，停到码头，把他们打来的鱼，种的蔬菜瓜果和粮食，在码头和我们城市里的老百姓交易。每个码头都是个市场，每天早上，运河边的老百姓第一件事就是到码头上去，买菜，买粮食和生活用品。"

大运河是鲜活的，是跳动的，是有生命的，于是他想给大运河增添一点亮色——在上面建一座铜步行桥。

"为什么要建铜桥？因为我希望大运河从历史中走来，走向现代，还要走向未来。它不光是传承历史文化，还应该留下我们当代的大运河文化。"

令人惋惜的是，在大运河上修一座铜步行桥的项目最终流产了。

2005年12月中旬，古建筑专家罗哲文与城市规划专家郑孝燮到杭州开会，朱炳仁前去探望。在交流过程中，朱炳仁不仅谈起了对大运河边历史文化遗产保护的感受和愿景，还聊到了自己曾想在京杭大运河上建铜桥的想法。

他的这一伟志，得到了郑老和罗老的认可。两位老先生听了他的讲解以后说："这座桥建不成，咱们还可以搭另一座'桥'，一座通向运河申遗的'桥'，把大运河的文化风貌、历史价值保护下来，展示给未来的世界。"

"运河三老"起草倡议书

在朱炳仁、罗哲文和郑孝燮之前，也有人提出过运河申遗，但除了"大运河算不算文化遗产"这点尚无定论，"运河跨越数十个城市，申遗工作该由谁发起"的问题更是悬而未决，运河申遗工作无法起步。"每一个城市，如果没有统一的规划，没有统一的理念，是做不好这个事的。所以需要有一个共识，有一个牵头，有一个完整的整体。"朱炳仁说道。

为了让运河城市的管理者们共同探讨申遗工作，形成合力，2005年12月，朱炳仁与郑孝燮、罗哲文一起，连夜起草了《关于加快京杭大运河遗产保护和"申遗"工作的信》，并寄给了大运河沿线18个城市的市长，呼吁用创新的思路，加快京杭大运河在申报物质文化和非物质文化遗产两大领域的工作进程。

"运河三老"的公开信（朱炳仁工作室供图）

这封仅880字的公开信一经发布，便引发了社会各界的积极响应，可谓"一石激起千层浪"，并推动形成了持续九年、轰轰烈烈的大运河申遗热潮。据朱炳仁统计，"2006年相比2005年，媒体关于运河的报道量增加了至少20倍。尤其是沿运河的城市，对运河关注的热情一下子高涨起来"。

在2006年全国两会上，58名全国政协委员群起响应，草拟了一份影响深远的"大运河'申遗'提案"。随即，由国家文物局牵头的联合运河沿线35个城市共同参与的全国大运河资源调查工作启动，从此拉开了我国保护大运河的帷幕。当年6月，京杭大运河升格为全国重点文物保护单位，短短半年后，又被列入了《中国世界文化遗产预备名单》。

2014年6月22日，在卡塔尔首都多哈举行的第38届世界遗产大会上，中国大运河最终成功入选《世界遗产名录》，成为中国第46个世界遗产项目。那天，朱炳仁来到拱宸桥，分享申遗成功的喜悦。

两次考察大运河全程

为了推进大运河申遗工作，2006—2007年，朱炳仁和罗哲文一起，随全国政协考察团两次考察了大运河全程。行程密集时，朱炳仁曾在半个月内三上运河城市踏访。其间，每次面对大运河的"守护者"们，他都抱有深深敬意。

当然，作为杭州人，他对萦绕着乡音、乡情的杭州运河段，更是产生了特别的情怀。"主河道上两座穿城相望的古桥——拱宸桥与广济桥，组成了大运河上绝无仅有的风景线，是这条水运长龙不可或缺的龙鼻。尤其是塘栖古镇的广济桥，七星卧波，沧烟廓然，在近两千千米的长河上更是春秋独雄，谁能僭越？夜幕降临，长桥古街，组成了一幅大写意的水墨画，纵横寻探，哪里还有更美的画图？"

如今，因为申遗保护工作的启动，大运河沿线的不少古迹遗存都被重新发掘和保护，得以用崭新的面貌迎接着这个瞬息万变的世界。用

朱炳仁的话来总结：这一切都是应"运"而生。"对于运河的保护，大家都是在等待着时机，我们是很幸运的。对我来说，跟两位老专家去争得这么好的（发布公开信）机会，参与了大运河的申遗和保护，这是一件非常幸运的事情。我们对整个大运河保护的理念和思想，也是很有意义的。"

让大运河奔流不息

大运河的存在，让朱炳仁感觉到"历史就在我们身旁，未来就在我们前面，我们要继续努力"。在朱炳仁的江南铜屋里，还专门开辟了一个与运河有关的板块。这里陈列着他铸造的与运河有关的艺术品、他参与起草的公开信、"运河三老"首日封、T恤等物品。

采访中，朱炳仁用三个字——"大""运""河"，来总结他对中国大运河的理解："大运河是一条河，就因为它是一条很重要的河，我们绝不能让它断掉，要永远保持它的作用。大运河的大不光是它的规模，更是远超其他国家和地区的线性民族文化。大运河的活力体现在'运'上，它不只是一道美丽的风景，更承载了很多的活动，包括日常的或者是国家层面的，活力是它的灵魂所在，所以我们要保护它。"

对于承载了历史、文化、技术等众多意义的大运河，其保护措施需要全方位、多元化地进行。对此，朱炳仁曾提出了"零保护"概念，即零干预保护、零使用保护和零发展保护："大运河的文化是多元的，对大运河的保护也应该是多元的。我提出的'零保护'概念是多元保护中的一元，与其他的多种保护方式是可以共存，可以互补的。"

其中，"零干预"保护即将运河沿岸的某一区域完全保护起来，任何人都不进去干预，将它完全交给大自然。而"零使用"保护和"零发展"保护，则是在保持大运河历史风貌的同时，让它也有一定能力发挥原有功能，但不做进一步的商业开发。

"我们要改造、要保护运河，就是要让运河变得更加'清晰'。在改造的过程当中，把现在的生活设施植入运河边老百姓原来生活的老房子里，用科学技术让运河本身和周边的环境变得更好。现在我们可以看到，以前很多老百姓破破烂烂的房子被打造得干净、整洁又宽敞。除此之外，原来被污染的河流，如今两岸都是绿地，非常美丽。"对于后两种"零保护"的实施方式和成果，朱炳仁举例道。

朱炳仁常说，运河是向前奔流的。"所以它一定是要从现代走向未来的，也一定会出现很多跟我们新一代人的生活密切相关的历史见证，这是好事情。运河在向前走，必须与时俱进地前进。我们在运河发展过程当中，也要作好这篇文章，不仅是保护它的发展，而且要让这种发展在更好地保护我们的历史文化遗产的同时，创造更多文化，留给我们的后代。"

（封面新闻记者　荀超　谭羽清　闫雯雯）

"运河女儿"邓清:
在多哈见证大运河申遗成功

邓清:我是喝着运河水长大的

　　"我家住在运河边,走几分钟就能上运河堤。"小时候的邓清,在运河边摸小鱼小虾,看来来往往的船只,享受着跟她的老乡汪曾祺一样的水乡童年。高邮,大运河旁的城市,最初因为驿站出名,后来靠运河兴盛。

邓　清

　　"我是喝着运河水长大的。"采访中,邓清动情地说。如今,她供职于世界运河历史文化城市合作组织(WCCO),办公室位于扬州运河三湾生态文化公园内。从她的办公室向外望去,是依水而建的网红景点——三湾城市书房。

扬州网红景点三湾城市书房

1982年，邓清从安徽大学外语系毕业后，来到了扬州国际旅行社（CITS）工作，1987年被调入扬州市外办工作。从运河边长大的小姑娘，到为中国大运河申遗而奔走，向世界讲好中国故事、运河故事，为世界运河城市间的交流合作出力的"运河女儿"，在邓清的人生中，运河承载的是乡愁，是情感，最后，变成了融入彼此血脉的守护。

扬州运河三湾景区

麻胡子、铁牛与运河的故事

"汪曾祺的家住在高邮北,我家住在高邮南。"高邮因为"一湖(高邮湖)二河(京杭大运河和古运河)三堤"而有名。高邮人沿着运河生息繁衍。

小时候,从事水利工作的父亲在外地工作,邓清就被送到了外婆家,一出门,走几百米,就是京杭大运河高高的堤岸。"小时候我喜欢跟着姨哥、姨姐一起到运河边玩,去河里摸螺蛳,抓小鱼小虾,看南来北往的船只,坐在运河边上唱着《数鸭蛋》等高邮民歌……"小孩子常常一玩就到天黑,回家免不了遭外婆一顿训斥。这个时候,传说中的"麻胡子"出现了——"麻胡子是隋炀帝身边的一个将军,相传他要吃小孩,老年人为了吓唬不听话的小孩,每每就会说'麻胡子来了'!"

扬州位于长江下游里下河地区,时常遭遇水患,"十年九涝"。当地人为了"镇住"水龙王,就铸造了大大的铁镬、铁牛,安放在运河堤上,当洪水到来时推到水里去。

"现在,治理水患有了更好的方式,在洪水来的时候,通过江都水闸帮助里下河地区泄洪;干旱时通过泵闸,再把长江水翻上来。"

镇水神器——扬州瘦西湖内的铁镬

在多哈见证大运河申遗成功

20世纪80年代，大学毕业的邓清来到了扬州市外事系统工作。

2006年，国务院批准中国大运河申报世界文化遗产。2007年9月26日，大运河联合申遗办公室在扬州正式揭牌，扬州市作为牵头城市，与全国8个省市的35个城市共同推进大运河申报世界文化遗产的工作。同时，扬州举办了首届世界运河名城博览会暨世界运河城市论坛，助推中国大运河申遗。

于是，邓清与大运河得以再续前缘。"扬州市委、市政府明确市外办要负责国外运河城市市长和专家的邀请。"从2007年起，作为扬州市外办主任，邓清的重要工作就是直接参与每年9月在扬州举行的世界运河城市论坛嘉宾的邀请、接待和有关会务工作。2009年9月26日，扬州市又联合国内外十多个运河城市发起和成立了世界运河历史文化城市合作组织（WCCO）。

位于扬州三湾的世界运河历史文化城市合作组织

经过8年的不懈努力，2014年6月22日，联合国教科文组织第三十八届世界遗产委员会会议经过审议，将中国大运河列入《世界遗产名录》。"我有幸陪同扬州市市长出席了在卡塔尔多哈举行的会议。当大屏幕上出现扬州的标志五亭桥时，在场所有人都激动了。那一年很不容易。"邓清回忆道。

从事大运河文化交流16年

"今年是我从事运河文化交流的第16个年头。"五大洲100多个国家有1100多条运河，邓清先后走访过其中28个国家的近80条运河，"看到运河我就兴奋"。然而，喝着大运河水长大的邓清始终觉得，最美的、无出其右的就是中国大运河。"中国大运河，有着2500多年的历史，是世界上最长、历史最悠久、最有文化内涵也是最有活力的运河，它的长度是埃及苏伊士运河的16倍，巴拿马运河的32倍。"邓清无比自豪地说，"世界上没有任何一条运河能与中国大运河媲美。"

中国大运河，横跨地球10个纬度，她不仅是古代中国南北交通的大动脉，还衔接了亚欧大陆丝绸之路，在经济、文化、交通、环保、民族融合等方面都有深远意义。但是在工业进程和文明发展的道路上，人类的一些不当行为对大运河生态也造成了伤害。为更好地保护、传承、利用大运河，推动运河城市可持续发展，造福两岸人民，2009年9月，由国内外10多个运河城市市长提议成立的世界运河城市沟通、交流与合作的平台——世界运河历史文化城市合作组织（WCCO）应运而生。2016年4月，WCCO秘书处开始独立运营，办公地确定永久设在扬州，首任秘书长由时任扬州市外办主任的邓清兼任。

2018年世界运河城市论坛

采访中，邓清从书柜中拿出《"一带一路"国家运河城市治理研究》《世界运河古镇绿色发展报告》《世界运河辞典》《中国大运河蓝皮书》《世界遗产运河的保护与传承》等图书，向记者展示自2016年WCCO秘书处成立后她和她的同事们所做的工作。如今，WCCO已有220余个会员，其中既有中国64座运河城市，也有47座国际运河城市，既有重要企业、研究机构和国际组织，也有多位在全球有影响的运河专家。

"在每年举办的世界运河城市论坛上，来自世界各国的运河城市市长、专家、运河爱好者都相聚一起，交流、探讨运河城市的可持续发展，保护好地球的血脉，造福全人类。"

2022年暑期，澳门大学生在WCCO秘书处（三湾湿地公园）开展为期一个月的实习实践活动（邓清供图）

做让民心相通的工作

2023年5月，联合国官网发布了《世界运河城市实施可持续发展扬州报告》。由联合国开发计划署（UNDP）、世界运河历史文化城市合作组织（WCCO）、中国社科院可持续发展研究中心共同完成的《运河城市实施联合国2030可持续发展议程——扬州可持续发展报告（2021）》已正式上线，向全球推广运河城市扬州的可持续发展实践，为世界运河城市提供实施"联合国2030可持续发展"的中国样本。

从2500年前走来的大运河，从最初的军事、政治设施到后来的经济、交通、文化纽带，再到现在沟通民心、联结世界的桥梁，在邓清这样的运河"守护者"的守护下，正擦去历史的尘埃，换上年轻的容颜，从容奔向美好的未来。

（封面新闻记者　张杰　张峥　边雪）

"网红大爷"王和平：谁说德州只有扒鸡？

2023年4月，一直在微博热搜榜居高不下的淄博，又用一封公开信再次赚足公众好感，还因对山东其他城市的引荐，被赞"格局大"。信中称，"美景美食不止淄博，好客山东应有尽有""这里可打包必购好物，日照绿茶、胶东海参、菏泽鲁锦、德州扒鸡给人嗨购体验"。

不知道80岁的王和平老人看到这封公开信，会不会又要着急："咋能说德州只有扒鸡？！"

老舍在散文集《不远千里而来》中，曾写过火车停靠德州时旅客抢购扒鸡的盛况："……卖鸡的就是再长一双手也伺候不过来。杀声震耳，慷慨激昂，不吃烧鸡，何以为人？"

德州扒鸡承载着一代人的记忆，它已化身一个符号，成为岁月对德州作为铁路交通重镇的褒奖。

经历京杭大运河、绿皮火车的年代，如今的德州扒鸡已经飞速奔入高铁时代。

王和平家门口写着"运河人家"（王和平供图）

小时候，大运河的水是甜的

王和平上一次为德州着急，是2006年第一次提出大运河申遗时，他看到在官方报道中，德州被一句话带过。"德州的大运河有这么丰富的文化，怎么能够一带而过？！"给封面新闻记者说到这时，王和平又情不自禁地攥紧了拳头。

王和平，山东省德州市武城县四女寺村人。2023年4月27日在镇文化馆接受封面新闻记者采访时，他身后的一幅书法作品格外打眼，细看落款，正是他本人。王和平老人中气十足地念道："西汉古镇，运河名村，人文胜地，多元大邑，孝德之乡，水利奇观。这是我总结出来的四女寺表述语。"

2014年6月，经过第三十八届世界遗产委员会会议审议，作为大运河保护与申遗点段，南运河德州段申遗成功，正式成为世界文化遗产，列入《世界遗产名录》。为了大运河德州段申遗，王和平曾四处奔走。

"为什么我的眼里常含泪水？因为我对这土地爱得深沉……"

如果你读懂了艾青的这首诗，就必定能理解王和平那任凭岁月风吹雨打依然灼热的情感。

小时候，王和平的家离大运河只有五六米，打开家门就能看到大运河。

20世纪50年代的夏天，幼年的王和平经常在大运河边洗澡，大一点，就在大运河里游泳。"可得劲了！"回忆起往事，他声音洪亮，眼睛闪烁着光芒。在王和平的记忆中，码头上来往的船只很多，客船少货船多。"20世纪50年代，那阵的水太好了，大家都不知道污染这个词。"虽然当时大运河的水有一点浑浊，但并不影响岸边人们的饮用，大家遵循着古老的智慧——用杏仁净水。将杏仁打碎放入水中，搅拌后静置几分钟，水就清了。因为杏仁具有黏性，而且很重，粘着土一起下沉，这和现代的明矾净水有点相似。"水变得很清澈，很甜。"

随着岁月的更迭，泥沙的堆积，工农业用水的剧增，大运河断流了。

熙来攘往的大运河，又回来了

德州从1400年前进入大运河时代，因漕而仓，因城兴市。以四女寺水利枢纽为界，大运河德州段分为南运河德州段和卫运河德州段，其中南运河段45千米呈现"九曲十八弯"的独特景观，是目前古运河风貌维持最好的一段。

2023年年初，水利部启动京杭大运河2023年全线贯通补水工作，山东与北京、天津、河北密切协作，精准实施。4月4日上午，京杭大运河再次实现全线水流贯通。随着四女寺枢纽南运河节制闸的缓缓开启，从河北岳城水库的来水与南水北调东线北延工程水、引黄水汇合，进入京杭大运河南运河段，与其他3个水源在京杭大运河实现汇合。

奔腾的河流，让王和平梦回儿时，那熙来攘往的大运河，又回来了！

王和平记得很清楚，2006年5月19日，《人民日报》登了一篇文章，说相关部门考察大运河沿线后在杭州召开了一次关于大运河申遗的专题论坛。

"我看到报纸后，给上面写了一篇小文，说'这是迟到的申遗'，早申遗才好呢！"王和平特别强调，这不是批评，这是自己的期盼，"沿大运河各省的领导聚集在杭州，但一提德州大运河，就一带而过，没有扬州、淮安、南京那么醒目，也没有人家力度大。德州的大运河有这么丰富的文化，怎么能够一带而过？！"

王和平写信建言："要挖掘德州的孝德文化、宗教文化，有识之士对大运河都要关注！"

如今的王和平已经不是只知道在运河边玩耍的少年郎，随着人生阅历的增长，他渐渐读懂了大运河。"我发现大运河是生命之河、经济之河。二十世纪五十年代左右，我记得很清楚，四女寺有两个码头，一个旱码头，一个水码头，旱码头是陆运，南方来的茶叶、竹子、石头，北方加工的机械，像犁啊，耙啊，都在码头上分发集散储藏，这类活动必定会带动大运河沿岸乡村城镇的发展。大运河还是智慧之河，看看老祖宗多能干，华夏大地的河流都是东西走向，唯独大运河是南北走向，用天然的因素和人类的智慧，打造了一条南北交通大动脉，几乎代替了现在铁路的功能，相当于京沪铁路。最了不起的是，它还是条人工河！"

随着大运河河道拓宽、疏浚和治理，王和平老人一共搬了三次家。如今，他再一次住到河边，像儿时一样，走出家门就能看到大运河。

大运河，一直在他的生命中奔腾着。

（封面新闻记者　吴德玉　闫雯雯）

贺云翱："解锁"中国历史密码本

对话贺云翱

如果说长城是固态的历史，那么大运河就是流动的遗产。人文地理电视片《话说长江》《话说运河》的制片人、总撰稿陈汉元曾撰文提到，从中国地图上看，长城和大运河所组成的图形是非常有意思的：长城犹如雄健的一撇，大运河则犹如深沉的一捺，正好组成一个既简单又重要的汉字"人"。

大运河历史悠久，从古代流到当下，在空间上又纵横成网，在中国地图上占据了半壁江山，以蜿蜒身躯书写了半部华夏史，称得上是一个巨大的文化遗产联结体。大运河本身蕴含了政治、经济、文化、交通、科技、管理等多层面的信息与智慧，成为一部流动的"国家记忆"历史密码本，等待我们去破译解码。

为了读懂这个"密码本"，封面新闻记者前往南京，在南京大学历史学院，采访到南京大学历史学院教授、南京大学文化与自然遗产研究所所长、国家文化公园建设工作专家咨询委员会委员贺云翱。

贺云翱自2006年开始以专业身份关注大运河文化遗产保护，十几年来走遍了大运河沿线，进行实地调研、专业考古工作，收获甚丰。他曾参与中国大运河申报世界遗产的基础调研，主持了多项大运河田野考古工作，还参与了大运河文化带，尤其是江苏段的决策咨询调研工作，以

及大运河国家文化公园建设的相关研究工作。在担任第十三届全国政协委员期间，多次提交关于大运河文化遗产保护，以及大运河国家文化公园紧密相关的长江国家文化公园的建设建议等。

中国大运河的大奥秘："重构自然山河"

纵观中国地理版图会发现，黄河、长江、淮河等天然大河都是自西向东横向流动，彼此关联不大。而总体是南北纵向的大运河，则像一条带子，将长江黄河等串联起来。这一点贺云翱格外重视，"我认为这是一个对中华文明大有裨益的奥秘：中国自然大河流缺少彼此之间的沟通，古代，不同的政治集团就会利用地理板块各自为政，形成隔江而治或者隔淮而治的割裂局面。春秋时期吴王夫差在扬州组织开挖的邗沟首次把长江和淮河打通。淮河以北则是通过古代的泗水，到达济水和黄河。这样一来，长江、淮河、济水和黄河'上古四渎'就被打通了。之后，隋炀帝大兴运河，大运河通达海河、黄河、淮河、长江、钱塘江五大水系。当江河被打通，相当于四个文化带被全部连结在一起，形成一个统一板块。这实在是一个重构自然山河、重构文化板块的宏大事业，对我们形成大一统的国家，意义重大而深远。"

贺云翱说，"在中国古代，大运河最大的功能看上去是运输功能、经济功能，实际上是政治功能——打通并促进南北互相交流，加强各区域板块联动，加强统一的内在动力。大运河将江南的鱼米之乡与齐鲁、燕赵大地融为一体，使南北整合成一个紧密的命运共同体。大运河对我们中华民族大一统，对国家疆域版图的稳固，对中华文明的长远存续和持续性发展，作了不可磨灭的贡献。"

中国大运河是为了确保粮食运输安全，稳定政权、维持帝国统一，而由国家投资开凿、国家管理的巨大运河工程体系。在前工业时代，水路（包括河运和海运）在运输粮草等战略性物资方面，远比陆路高效。

唐宋之后，中国经济重心向东南方向转移，而国家因战略考虑需将

贺云翔在大运河起点"邗沟"（贺云翔供图）

政治中心设置在北方，这就大大突显了大运河存在的重要性。在很长的一段历史时期内，因海运风险较大，大运河作为黄金水道，就成为承担水运任务的主力军，支撑起了多个王朝的漕运命脉——粮食、木材、瓷器、茶叶、铜、盐等重要物资都需搭载官船通过大运河，从南方经济中心城市运往北方政治中心城市，供国家运转所需。

大运河"漕运"畅通与否往往决定一个王朝的兴衰，历代均重视大运河的建设和管理，将之当作生命线来维护。有资料称，东南漕运勃兴之时，大运河堪称古代的水上"高铁"，每年的漕运量常年维持在六百万石左右，最高达八百万石。

除此以外，这条水上"高铁"也是其他货物的运输通道，比如盐和茶，以及建造房屋必需的木料和砖石，还有丝绸、水果等各地特产。比如明清时期，产自西南地区崇山峻岭中的珍贵名木，经砍伐后先运输到山沟，再编成木筏，等待雨季涨水时推入江河，沿流北上，送到北京作为建筑材料。有一个说法被广为认可：明清紫禁城乃至整个北京都城是一座从大运河上"漂来的城市"。

贺云翔教授（左）在考察大运河（贺云翔供图）

大运河是内陆河道，但它的价值不仅体现在国内，还显现于世界范围。贺云翔提到，在古代中国与世界的沟通、海上丝绸之路的开拓上，大运河也有不容忽略的贡献："从唐朝的日本遣唐使，一直到清朝乾隆时期的英国使臣，都是通过大运河前往北京。唐代长沙窑的瓷器，宋代至明清景德镇的瓷器，因为在长江中游，需要通过长江运送到长江下游，再经过大运河，或运送到海港城市走向世界，或经大运河运销内地。不仅仅是景德镇，像江西的吉州窑、赣州窑等，这些窑口的瓷器在世界许多地方都能看到。怎么来的呢？从长江带进大运河，然后进入海上陶瓷之路。"

当历史的车轮来到19世纪20世纪初，第二次工业革命兴起，带来铁路、航空、海运技术提高等主流运输方式的变化，内陆水运整体呈现下滑趋势。1855年，黄河决口改道。1901年，清政府宣告停止漕运，千年漕运史合上了最后一页。在之后的近百年时间里，大运河陷入它前所未有的低潮期，但大运河作为一个整体并没有完全消失，在江苏、浙江等运河南段，大运河一直还承担着重要的货物运输功能。不过，大运河的一些河段确实断航断水，丧失了交通功能。中华人民共和国成立以后，国家非常重视水利水运，大运河的价值被重新审视，它被全面治理、修复，开始重新焕发青春，尤其是镇江、扬州、淮安、苏州、杭州这一带。大运河在大宗货物运输方面的优势尤为突出，甚至不可替代。比如大运河的苏北段，仍然是北煤南运的重要通道，每年航运量在3亿吨以上，相当于3条京沪铁路的运量。

在贺云翱看来，进入21世纪后，大运河存在的价值和意义确实发生了一个重大改变，"对大运河的利用逐渐从运输转向综合整治、旅游开发和遗产保护。随着我国对世界遗产事业的高度重视，大运河成为国家重点文物保护单位，并成功申报世界遗产。大运河所凝结的文化遗产价值，从此得到凸显和释放"。

2014年，中国大运河入选世界文化遗产名录，成为中国第46个世界文化遗产项目。2019年，大运河与长江、黄河、长城等一起被列入国家文化公园建设项目。2022年，借助南水北调东线工程，大运河逐渐恢复全线贯通。从南粮北调到南水北调，大运河在新的历史时期，以现代功能迎来新生。淮安水利枢纽大运河立交

大运河文化遗产点之一：扬州个园（张杰摄）

成为亚洲最大的水上立交工程，也让大运河的科技身姿被全世界看见。

大运河不是一条线，而是一张网

不少人提到大运河，很容易想到它的形态是一条线，纵贯南北。"其实它不是一条线，而是平铺在大地上的一张河网。"贺云翱提醒，"大运河沟通了钱塘江、长江、淮河、黄河、海河以及海洋，若只是一条线，就不可能发挥那么大作用。比如浙东运河，它就通到宁波这个海港城市。在江苏段，大运河就是一张运河网，把江苏所有大城市联为一体。在运河城市扬州，七河八岛的支线运河纵横贯通。"

此外，如果不仔细考察了解，还容易想当然地陷入另外一个误区：以为大运河有一个固定的流向，比如从西流向东，然后入海。贺云翱也提醒，作为人工与自然的结合体，大运河跟纯天然大河有区别。"从整体来说，中国大运河没有一个固定的、唯一的流向。在不同的河段，大运河有不同的流向，有的河段是从北流向南，有的河段是从南流向北。在江南和江淮间，有的运河段甚至还是东西流动：从东到西或者从西到东。这是为什么呢？因为大运河在不同的河段，它两端连接的天然河流、水源地形地貌及落差是不一样的。还会出现的一个情况是，有的运河段在漫长的历史时期里，流向还会因为天然河流发生巨大改变，甚至倒流。比如江淮运河，早期是从长江向淮河流的，后来因为黄河夺淮，它变成了从淮河向长江流，这一变化非常大。也正因如此，管理大运河需要很多智慧，需要人类不断通过水利水运工程设施进行调节。"

值得特别强调的是，中国大运河是一个不断适应社会和自然变化的动态性工程，是一个不断发展演进的事物。稍不注意，就容易把几个概念弄混。"隋唐大运河""京杭大运河""中国大运河"，是三个彼此联系又有区别的概念，包含的历史地理河道走向和文化范围各有不同。大运河在隋代完成第一次全线贯通，形成隋唐宋时期以洛阳为中心沟通中国南北方的大运河，这是隋唐大运河。元代由于中国政治中心的迁移，将大运河改线为直接沟通北京与南方地区，形成元明清时期第二次大沟通，即京杭大运河。中国大运河则是包括隋唐大运河、京杭大运河和浙东运河的运河时空体系。

"大运河不光涉及空间的扩展，还涉及时间的纵横，时代不同，大运河的规模、形态都不一样。大运河的名称也不同，以前叫沟、渠，宋朝才开始叫运河，新中国成立后才称大运河。隋唐大运河也是我们的现代称呼，是为了与京杭大运河相区别。大运河是一个非常复杂的体系。要研究好大运河这个巨型文化遗产，需要专家首先做好考古、文化遗产、历史文献、历史地理等方面的相关考察调研工作。如果不把它搞清楚，就容易出现盲人摸象的情况。"贺云翱说。

"大运河作为文化遗产不是死的，而是活的"

对不少人而言，一提到文化遗产，就比较容易想起博物馆中的藏品。但其实，文化遗产除了存在于博物馆之中，还可以存在于广阔的社会层面，并且能够发挥其当代作用。贺云翱一直持有一个观念："文化遗产最大的意义，就是把过去的智慧创造，变成当下现代化建设的参与力量。文化遗产不是死的，而是活的。"

2019年，国家提出建设大运河国家文化公园。2021年，国家文化公园建设工作领导小组印发《大运河国家文化公园建设保护规划》，要求各相关部门和沿线省份结合实际抓好贯彻落实：整合大运河沿线8个省市文物和文化资源，着力将大运河国家文化公园建设成为新时代宣传中国形象、展示中华文明、彰显文化自信的亮丽名片。

这让贺云翱看在眼里，乐在心中，"这其实就是用一个更加宽广的、更加包容的、更加全面的思路来把大运河的文化保护好、传承好、发展好"。

大运河文化遗产点之一：扬州瘦西湖（张杰摄）

大运河考古，迎来好时光

2023年5月12日至5月14日，"大运河考古新发现学术研讨会暨徐家桥遗址考古成果发布会"在如皋市举办。会上，来自南京大学的专业考古团队公布了大运河考古发现的最新成果：隋炀帝所掘的"掘沟"（大运河的一部分）遗址找到了。

这个考古团队的领头人正是贺云翱教授。作为南京大学历史学院考古文物系教授，贺云翱从2015年6月开始率领他的专业团队，受江苏省文物局的委托，开展江苏海上丝绸之路申遗点的调查研究工作。此后，他们陆续在与日本遣唐使有关的南通如东国清寺遗址和隋唐时代"掘沟"运河遗址一线，进行考古勘探和发掘工作。2018年，他们在徐家桥遗址发现了不晚于唐代的古运河遗迹。

贺云翱与大运河缘分深厚。他生长于"运河之都"扬州，从小在运河边长大，是典型的"运河之子"。1982年初，贺云翱毕业于南京大学历史系考古专业，之后进入南京博物院从事田野考古和学术期刊《东南文化》创办工作；1996年，又负责筹建南京市文物研究所并担任负责人；2002年，入南京大学任教。

1984年，贺云翱以考古队员的身份，在扬州参加唐城遗址考古。他说："当时考古工地旁边有一条河叫汶河，现在叫汶河路，其实就是隋唐的大运河河道。当时的大运河穿过扬州城，向北走。后来因为城市发展，慢慢地，城墙和城门也建起来了，所以就把运河河道移到外面去了，然后就从扬州城东边走了。我当时在那里住了好几个月，每天到考古工地都要在那看运河，看城门跟运河的关系变迁。1984年后我就非常关注运河历史了。"

贺云翱说，自己真正进行大运河田野考古工作，"应该讲是从南水北调的时候开始的。这个工程在进行的时候，就要涉及大运河沿线的考古，我参加过南水北调中线工程的考古。后来大运河申报世界遗产，需要开展遗产保护及搞清楚大运河的一些未知的遗产点，考古学者发现了埋藏在地下的一些重要工程遗迹等。大运河申遗成功之后，我们国家有一个考古规划，叫'考古中国'，这里边就有大运河考古，毕竟大运河沿线从古至今在地下埋藏了太多的东西。大运河沿线的城市、城镇历史遗迹，沿线的运河河道、工程设施、沉船等历史遗产，很多都埋在地下了。"

对话贺云翱：只有真实面对历史，用专业传承遗产，我们才有美好的未来

封面新闻：关于隋炀帝杨广开通大运河的评价，一直是绕不开的话题。您怎么看？

贺云翱：有一个流传比较广的说法，隋炀帝开通大运河，是为了能到扬州看琼花。其实这是经不起考究的。在通过大运河到扬州之前，杨广早就到过南方了。那是隋灭南陈的时候，还没有当皇帝的杨广是前线总指挥，有一段时间他就驻扎在扬州。他的部下，有大量的官员是南方人，并且很受重用。他做了皇帝之后，就很清醒地意识到，他所面对的中国已经不是汉代的中国。此时南方经济文化已经达到了很高的程度，如果仅仅依靠黄河流域，想实现一个大国的发展、安全，是不够的，还要有足够的经济力量来支撑。因此他意识到必须打通南北方的交通，必须开南北大运河，才能够把南方和北方，把经济和政治，构建成一个更加均衡的、互相支撑的体系，完成大国的治理。我认为，当时作为一个政治家，杨广是很高瞻远瞩的。我们对一个历史人物的看法，要从当时的历史背景和他的所作所为来看，要有历史的眼光。

封面新闻：关于大运河的历史价值，正面积极评价占绝大多数。但也有少数声音说，大运河在中国封建王朝时期，加大了北方对南方经济物质的依赖，等等。

贺云翱：评价历史事物，要有历史的眼光、整体的眼光，要看到事物的复杂性。在统一的国家里边，不同地区的互相流动，带来的一定是互相成就。我一直相信一个道理：一个只会带来邪恶的东西，是不可持久的。只有助推生长出善良，让人类奔着良好的方向走的这些事物，才能够长久持续下去。如果大运河的主要作用不是正面的话，它根本无法长期地存在下去，早就没了。大运河两千多年来能一直流淌，哪怕是在战争的条件下，还能得以延续，这就足以说明，它的主要作用是正面的，它带来的东西还是以福祉为主。

封面新闻：我们去扬州实地探访大运河的遗产点时发现，有的遗产点与现代社会结合得非常好。像瘦西湖、个园等作为大运河遗产点，人气非常高。您作为遗产保护专家，您如何看待遗产点的保护工作？

贺云翱：目前成功申报世界遗产的中国大运河包括58个遗产点。58个遗产点涉及方方面面，等于把整个中国历史的很大一部分给串起来了。申报世界遗产的时候，我参与过其中的基础调研工作。这些遗产点是从几百个申报点位中反复筛选出来的。筛选标准大概包括：具有代表性，文化内涵深刻，彼此之间互补，保存状态良好。当然，大运河遗产点远远不止于58个。其他的没被选上的也很重要，也值得我们保护。

封面新闻：在一般的想象中，公园应该是某一个地方的一个整块空间。但像大运河、长江、长城、黄河、长征等五大国家文化公园，横贯好几个省，拓展了公园的概念。请您讲讲"大运河国家文化公园"的具体情况呢？

贺云翱：全世界有很多国家公园，比如黄石国家公园。但"国家文化公园"确实是我们的创新。同时，中国的五大国家文化公园体量都特别巨大，这么宏大的文化体系、文化长廊、文化聚合，涉及我们的经济、社会、政治、文化、生态，以及整个国家的现代化建设。国家文化公园真的能够见证中华文明五千年的经验、智慧、成就、特质、动力，能够见证从过去到现在再到未来，中华文化内在构建的文明统一性、意识规律性、内在逻辑性、文明连续性。这既是历史的见证，也是中华文化和历史自信的根本依托。

大运河国家文化公园把整个大运河纳入，当然就要跨越几个省份。大运河是活的、全部连接起来的。它本身就是一个横跨8个省市的巨大的文化生命体。在这个大公园的宏观概念之下，在每个省份、每个城市会选择文化底蕴深厚的、能够更好地展现大运河文化内涵的文物点、古城古镇、工业遗产、农业遗产、非物质文化遗产等等，对之进行微观公园式的保护、展示和利用。像黄河国家文化公园、长江国家文化公园，都是按照一个宏大的生命体去处理的，包括微观、中观、宏观几个层面。国家公园既是一个整体，各省份都可以分享这个整体。

封面新闻：现在网络科技手段发达，从这个角度可以怎样进一步加强大运河文化遗产保护？

贺云翱：我认为，可以以考古发现、文物及文化遗产资料为基础，以保护利用、传播创新为导向，建设大运河文化大数据和数字化展示传播系统，以阐释和展示具有国家意义和区域特色的特色文化为目标，通过数字化手段复原大运河沿线不同时期文化形态及其生成环境，包括诸多已经消失的重要文化遗产资源的数字化展示系统建设，打造永不落幕的大运河国家文化公园数字化展示空间。

封面新闻：在当下，在向大众更好地讲述大运河故事时，需要注意哪些方面？

贺云翱：我觉得讲好大运河的故事，具体表达方式可以很灵活，很故事化。但前提是要保证专业度。关于大运河的网络传播、电影电视，包括各种媒体、博物馆展览等等内容，需要科学专业的材料作为支撑。首先要对大运河进行充分、专业的考古学研究、文物研究、历史研究、文学研究、非物质文化遗产研究，才能保证讲述大运河故事是准确的，是有意义、有价值的。我们只有真实地面对历史，真实地拥有、传承遗产，才有美好的未来。

（封面新闻记者　张杰　张峥　边雪）

开天河

奇　迹

引言

运河水煮三省茶：富春茶点何以被列入非遗名录？

清晨六点半，扬州御码头边的冶春茶社就响起了排号声。在一个地方吃早茶，要排号，可能就是扬州的特色。

"早上起来日已高，只觉心里闹潮潮，茶馆里头走一遭，拌干丝，风味高；蟹壳黄，千层糕；翡翠烧卖，三丁包；清汤面，脆火烧，龙井茶叶香气飘。"——老扬州民谣这样"唱着"扬州人的早上。到扬州，喝茶不叫喝茶，而叫吃早茶。从趣园到富春、冶春、怡园……扬州人和外地游客每天都能把茶社挤得满满当当。

在文化学者韦明铧看来，"扬州的历史文化，大抵是由若干个层面累积而成的"。它至少可以分为技术、艺术、学术等三个层面。每个人都能从中找到自己感兴趣的东西，例如扬州的美食、戏曲，扬州的八怪与学派等。

百年富春茶社

博物·早茶

"扬州的小笼点心，肉馅儿的、蟹肉馅儿的、笋肉馅儿的且不用说，最可口的是菜包子、菜烧卖，还有干菜包子。菜选那最嫩的，剁成泥，加一点儿糖一点儿油，蒸得白生生的，热腾腾的，到口轻松地化去，留下一丝儿余味。"朱自清和家人每次回扬州，都禁不住要品尝扬州点心。

扬州早茶主要由茶水和点心组成，有"早上皮包水，下午水包皮"的习俗。"皮包水"即吃早茶。

"昔日扬州，生活豪华；扬州的吃，就是给盐商培养起来的。"曹聚仁在他的《食在扬州》中写道。明清时代，扬州茶馆大兴。现在扬州最有名的茶社，是晚清陈霭亭开设的富春茶社。主人以浙江龙井、安徽魁针、扬州珠兰研制成"魁龙珠茶"，香气浓郁，沁人心脾。茶社中的蟹黄汤包、水晶肴肉、大煮干丝、虾籽饺面、翡翠烧卖、千层油糕等，令人垂涎欲滴。一只包子捏成二十四道皱褶，一方油糕要号称千层，可

富春花局

能这就是扬州人"食不厌精"的生活方式吧。

早年的富春，却是以花起家。一半是花，一半是茶。得胜桥富春茶社老店经理王洪波告诉我们，富春早年是花局，花是富春的缘起。明清时期，扬州成为全国闻名的盐业集散中心，商业发达，文化繁荣，风雅成气，形形色色的花园、花局、花市遍布大街小巷。富商买花点缀厅堂，小店租花装点门面，每逢过节买花送人也是文雅之举。

博物·盆景

在瘦西湖北面深处，弃船登岸，就来到了一片地势高低起伏的地方。在这露天的扬派盆景博物馆，一盆盆有着数百年历史的黄杨、红枫、银杏、杉柏盆景穿越历史，在这里静静汲取天地之灵秀。孕育在长江与运河交界地的扬州盆景，既有北方的矫健雄奇，又有南方的飘逸婉约。一层层如云片似的规整造型，是扬派盆景的精髓所在。"一寸三弯"的技艺，让扬派盆景得以与苏派、川派、海派、岭南派并立于世。

《扬州画舫录》写道："湖上园亭，皆有花园，为莳花之地……养

扬派盆景园

花人谓之花匠，莳养盆景，蓄短松、矮杨、杉柏、梅柳之属。海桐、黄杨、虎刺，以小为最。"

"扬州盆景的剪扎技术，大约在明清时臻于化境，这是因为明清扬州汇聚了许多花匠的缘故。它最大的功夫在于剪扎。它的特色，就是古拙经久，气魄雄伟，能从小中见大，而不扭怩作态。"韦明铧介绍。

博物·扬剧

扬剧出自江淮，江南的清柔之风与江北的朴实之气，孕育出《双下山》《种大麦》般的清新风格。

唐人王建曾在《夜看扬州市》中描写了热闹的扬州歌台："夜市千灯照碧云，高楼红袖客纷纷。"从这里走出来的扬州参军戏名伶刘采春，是唐代戏曲的代表人物。参军戏是一种滑稽戏，类似于今日的相声，最开始由两人搭档，一个逗哏，一个捧哏，后来演变成多人合演，也有了女演员的参与。

"扬剧的柔美温驯和川剧的跌宕不羁，属于两种不同的审美范畴。在戏曲声腔上，扬剧是由香火、花鼓、清曲等地方艺术构成的，显得乡土气十足，轻盈而活泼；川剧是由高腔、昆腔、胡琴、弹戏、灯戏等不同源流的艺术组成的，显得古典味浓厚，深沉而多姿。"对比扬剧和川剧，韦明铧这样评价。

博物·文人香

"天下香料，莫如扬州。"　　　　　　　　——《扬州画舫录》

早在隋唐时期，扬州就成为国际香料贸易和交流中心；到了宋代，苏轼、黄庭坚把文人香与诗歌、绘画、音乐融为一体，形成一种独特的美学。明清时期熏香文化的发展更上一层楼，扬州人周嘉胄的香学著

作《香乘》被收入《四库全书》；扬州先后产生戴春林、薛天锡、张元书、谢馥春等香业品牌，香品风靡海内外，形成独特的扬州地方产业，历经数百年而不衰。

如今，文人香已经被列入扬州市非物质文化遗产名录。王其标——文人香传承人之一，在自己的工作室打造了一间"扬州熏香文化史料馆"。在王其标看来，香学是一门人文艺术，它不仅出现在《离骚》《红楼梦》这样的文学作品中，还是人的一种生命体验。"它是文人自身情志的表达。从香方的谱写、香器的选择到空间的陈设等，都有明显的个人色彩。"

扬州熏香文化史料馆

制香工具

"文人香的制作步骤非常讲究，包括甄选香料、炮制萃取、依方配伍、和香粉、醒香泥、塑形成香等步骤。"作为文人香制作技艺传承人，王其标致力于恢复香方、传播香文化，正如其所言，"文明在交流互相借鉴，香文化也应该如此"。

王其标介绍香料

恢复古法制香50余种的非遗传承人

中国·开天河

扬州成都时空交汇：因水而扬，缘水而益

扬州VS成都：因水而扬，缘水得益

"高三十五，我要去扬州了，我们扬州见！"

年轻时的李白，意气风发，在长江边扬帆下扬州，去寻找他的盛唐梦。这是《长安三万里》中的画面。

"濯锦清江万里流，云帆龙舸下扬州。"李白认为，从成都的锦江

扬州瘦西湖五亭桥

出发，乘舟扬帆可以直下扬州。

千百年来，成都和扬州，这两座相隔千里的城市因为各种机缘，在时空中梦幻交汇。它们出现在诗人的笔端，交汇于奔流的运河；出现在文官的仕途，交汇于百姓生活中的一碗茶、一餐食……君在江之头，我住江之尾，跨越崇山，飞渡长河，锦官城的春色伴随着扬州城的明月，从历史深处走来，交织回响，流淌到千年后的当下……

人工奇迹

都江堰水利工程是世界水利工程史上的奇迹。流经宝瓶口的水，哺育了成都平原，成就了天府之国。

起于扬州的邗沟是我国最早开凿的运河之一。隋唐大运河开通后，交通的枢纽地位促进了扬州经济的空前发展。

"成都和扬州的繁荣，一个因为都江堰，一个因为大运河。"巴蜀文化学者袁庭栋这样说，"因为有了都江堰水利工程，才有了川西平原两千多年的水旱从人，才成就了天府之国。农业的高度繁荣，促进了手工业、商业繁荣。有了经济基础，老百姓才有时间、有余钱去享受生活"。

"大运河和都江堰，它们对于这两个城市的意义不仅是经济发展的源头，更是精神文化的象征，汪洋恣肆，长流不息。"来自扬州的文化学者韦明铧如是说，"蜀道难攀登，磨砺出成都人知难而进的奇崛品格；江南路易行，养成了扬州人散淡逸乐的心性"。

有趣的是，虽然相隔千山万水，却总有传说将两座城附会到一处。"相传扬州蜀岗是由四川峨眉山脉蜿蜒而来，有个僧人在锦江被水流冲走的瓢居然复现在扬州第五泉，四川诗人苏东坡在扬州任上时还在禅智寺寻访过蜀井。"韦明铧拎出的传说让人莞尔，原来早在千年前，蜀地与扬州就组起了"CP"。

穿越时空

瓜洲古渡（张峥摄）

"文章太守"、眉山人苏东坡是扬州的常客。扬州大学旅游管理系原系主任潘宝明带着封面新闻记者一行，来到位于扬州瓜洲古渡的东坡诗歌碑前，向我们讲述了苏东坡在扬州的故事。运河边，苏东坡留下了他的足迹，留下了他的"尊酒何人怀李白，草堂遥指江东"（《临江仙·夜到扬州席上作》）。他与百姓同乐，共赏芍药樱桃："芍药樱桃两斗新，名园高会送芳辰，洛阳初夏广陵春。"（《浣溪沙·扬州赏芍药樱桃》）

七省通衢，数百诗人、数千诗歌都与瓜洲有关——"瓜洲是大运河与长江的交汇口，文人也好，达官贵人也好，赶考的士人也好，都要通过瓜洲北上"。在瓜洲古渡，大运河的其中一段，被称为伊娄河段，李白还曾到这里考察过，写下了《题瓜洲新河饯族叔舍人贲》这一诗篇，特别关注了运河上的船闸装置——斗门。

从蜀地出发，诗人带着文人的诗兴漂流到了扬州，这是诗歌的漂流。然而，还有一种更为重要的漂流——物资的漂流。"扬州南滨长江，东

连大海，经大运河向北到楚州（今江苏淮安）境内出海，沿大陆架北上可往朝鲜半岛；从长江口出海往东北可通日本，往西南可远航东西亚和西亚各国。溯江西上，至九江而南，可达洪州（今江西南昌）；沿赣江、北江可转交州、广州；自九江而西，经鄂州（今湖北武昌）西通巴蜀。江南的丝茶、江西的木材，昌南的瓷器，四川的蜀锦、药材都以扬州为集散地。"扬州博物馆副馆长高荣告诉封面新闻记者。

风起益扬

"轻轻提慢慢移，先开窗后喝汤，一扫光满口香。"在扬州，富春、冶春、迎春等茶社是市民们吃早茶、聊天闲话的热门去处。那让你口齿留香的汤包，除了用吸管吸，最精妙的是老扬州人的吃法，"端起汤包，餐盘稍稍向身体倾斜，在靠近自己的汤包侧上方，轻轻咬一口，待热气散出后，再吮吸汤汁……"位于扬州得胜桥、晚清陈霭亭开设的

富春茶点（张峥摄）

拥有百年历史的成都鹤鸣茶社（图据网络）

富春茶社，是现在扬州有名的老店，其经理这样介绍汤包的吃法。

"'扬州风'最初起源于扬派盆景。"韦明铧告诉我们。不过，最终由益州、扬州引领的华夏风气，还是要数两地的饮食之风。

"清代康、乾二帝南巡带来各方美食，刺激了扬州餐饮的吸收和包容；官宦权贵们讲究'食不厌精，脍不厌细'，促成了扬州菜系的繁华；两淮盐商集中于扬州，奢侈无度，文人墨客、书画名家雅集创作，又提升了淮扬菜的文化品位。"潘宝明说。

"川菜菜系形成于清代晚期，吸取了四面八方的技艺。它既吸取了民间的创造，又包罗达官贵人的讲究，一菜一格，百菜百味。"川菜研究专家袁庭栋说，"川菜讲味道、包容性强，还有很强的平民性。代表性的菜品既可以上国宴，也可以上普通百姓餐桌。"

而扬益两地引领全国的风尚，除了菜系，还有饮茶之风。"成都是个大茶馆，茶馆是个小成都，在成都有很多事情都在茶馆完成。"成都有多少家茶馆，没法统计，粗略估计有三万五千家。"从茶馆文化可以看出成都的方方面面，你可以确定的是，成都人不是因为口渴才上茶馆。"袁庭栋说。

明清时代，扬州茶馆大兴，李斗《扬州画舫录》夸耀"吾乡茶肆，甲于天下，多有此为业者，出金建造花园，或鬻故家大宅园为之。楼台亭舍、茶木竹石、杯盘匙箸，无不精美"。"一江水煮三省茶"，由浙江龙井、安徽魁针、扬州珠兰研制而成"魁龙珠茶"亦体现出扬州茶饮的包容与创新。

孰一孰二？

"扬州因大运河而成为南北水路交通枢纽，成都因都江堰而成为川西政治经济中心。一因水而显扬，一因水而得益。"韦明铧如是说。

唐人《元和郡县志》说："（扬州）与成都号为天下繁侈，故称扬、益。"这个意思后来演化为"扬一益二"的谚语。"扬一益二"首先是指经济的富足。晚唐杜荀鹤在《送蜀客游维扬》中写到"见说西川景物繁，维扬景物胜西川"，他所说的景物主要是物产的富饶。宋人洪迈《容斋随笔》又说"唐世盐铁转运使在扬州，尽斡利权，判官多至数十人，商贾如织。故谚称'扬一益二'，谓天下之盛，扬为一而蜀次之也"，他所说的盛况也仍是买卖的繁盛。"唐代的扬州与成都，都是商人眼中的流金淌银之地。而两地经济，也交流频繁。"韦明铧举例，在扬州留下了风流声名的诗人杜牧，写过许多描摹扬州的诗句，他在《扬州三首·其二》中说，他曾在扬州码头亲眼看到"蜀锦红船重"……

对于"扬一益二"，韦明铧一位久居成都的同乡任半塘回扬州执教后，深有感慨。他在一封信中说："成都古属益州。在唐代，扬益二州的文化，经常竞赛，时而称'扬一益二'，时而称'益一扬二'，未有定案。"

　　"烟花三月下扬州"与"锦江春色来天地",同饮一江水的扬州与成都,若能长时美美与共,岂不快哉?

（封面新闻记者　张杰　张峥　边雪）

临清，一座应"运"而生的城市

　　说山东临清是一座应"运"而生的城市，一点都不过分。隋代凿永济渠并连接通济渠、邗沟，成就了临清，而到了元代，大运河由弯改直，吃到了第一波红利的，又是临清。

　　在临清，我们看到了运河的三种面貌：开凿于隋唐时期的永济渠（卫运河），改变走向的元代古运河，以及在明代由于黄河决口，会通

临清元运河夜景（闫雯雯摄）

临清明代开凿的南支运河（闫雯雯摄）

河大段被毁，重新开凿的一段南支运河。

在几百年的时间里，临清由于京杭大运河的漕运而发达，成为远近闻名的商业都会，并有了"繁华压两京，富庶甲齐郡"之美誉。

一段保存完整的元代运河

临清的命运，因元代运河截弯取直而改变，而如今元运河也赋予了这座城市一种别样的气质。

在临清地标之一的鳌头矶，一边是明运河，一边是元运河。明运河边是诸多的广场和公园，跳着广场舞的老人，脸上挂着幸福的微笑，而另一侧的元运河边，则安静了许多，代表了北方气质的芦苇，从容生长。

临清博物馆副馆长李赛男告诉记者，临清的这一段元代运河在明代南支运河修建之后，仍然被作为南支运河的月河使用，在繁忙时候缓解运输的重负。

不仅如此，在这条河上，还有一座很有意思的小桥。这座桥名叫会通桥，在元代它原本是一座叫作会通闸的水闸。到了明代，河道被弃用之后，该水闸被改成了单孔拱桥，清代维修时增砌桥栏、雁翅挡墙，因此这座桥是元、明、清三代相继砌筑的。李赛男说："从它的这个叠砌关系当中，能看到运河的变迁，这是运河发展历程中一个非常重要的实物佐证。"

临清元运河上的会通桥（闫雯雯摄）

古运河边唯一的钞关遗址

在临清的运河边，还有一座钞关，是明清时期运河八大钞关之首。

钞关，本是税关。明朝初年，白银不允许直接用于交易，包括缴

临清舍利宝塔（闫雯雯摄）

税也只能用纸钞。所以，税关即钞关。明朝宣德四年（1429年）开始设钞关征税，大运河上共设了七处钞关，从南往北依次为杭州、浒墅、扬州、淮安、临清、河西务、崇文门。这七处钞关与设在长江上的九江钞关合称为运河八大钞关。

据李赛男介绍，临清钞关的占地面积超过4万平方米，光是衙役办公人员就达两百多名，即便是放在现在，也是一个人口众多的部门，而且他们的工作划分非常细致。临清钞关的税收额也是八大钞关之首，鼎盛时占明朝钞关总收入的四分之一还要多。

商业的繁荣也为临清带来了商机。临清在明代人口过百万，甚至超过了目前临清的人口数。当时，当地90%的人口是南来北往的商人，从天南地北带来了货物，也带来了制造商品的手艺。在临清箍桶巷西头，有一条长五六十米的街道名叫元宝街，其地面全部是用巨大的青石"元宝"铺成。这些"元宝"是给丝织品磨光时使用的，也是临清拥有丝织业的实证之一。

一座见证历史的古塔

通州燃灯塔、扬州文峰塔、杭州六和塔和临清舍利宝塔并称"运河四大名塔"，为运河岸边标志性建筑。前面三座宝塔举世闻名，相较之下，临清舍利宝塔的名气要逊色不少。实际上，临清舍利宝塔是真正与明清运河相伴生的建筑，它见证了明清时期临清经济的发展。

据载，明万历年间，临清文人缙绅聚议，认为临清风水不利，并上报当时监察临清的提刑按察使钟万禄。众人最后决定，将观音大士像移至砖城北水关下，并建造一座宝塔。事情定下来以后，便推举赋闲在家的工部尚书柳佐主管其事，并正式定名为"舍利宝塔"。

不要小看这座宝塔，建造它的材料可都是宝贝：使用的木料中有金丝楠木，使用的砖料则是与建造紫禁城"同款"的临清贡砖。

宝塔内有楼梯，可以攀登至顶层，但楼梯狭窄，只能通过一个人。

即便如此，明清两代学子顺大运河赴京赶考之时，仍旧喜欢来此登塔，还有不少人在塔内留下了字迹。

在李赛男的指引下，我们看到了明代和清代一些学子的留言，有的直白地写着"登州府海阳县张西美乾隆四十五年六月在此"，算是两百多年前的"到此一游"；有的学子对自己没有什么信心，写下诗句"愁身四海三杯酒，事大如天一醉休"。最有趣味的还是一谜语："强鸟吃了风里虫，锡字去金陈去东，应去佳心添寸字，打一地名。"其谜底，正是安徽凤阳县。

临清舍利宝塔上的"到此一游"
（吴德玉摄）

临清舍利宝塔上的藏头诗（吴德玉摄）

（封面新闻记者　闫雯雯　吴德玉）

探寻京杭大运河"最后一千米"

走进北京郭守敬纪念馆

　　7月，盛夏，北京什刹海荷香阵阵、绿意盎然。明代刘侗、于奕正在《帝京景物略》中用"西湖春，秦淮夏，洞庭秋"来赞美什刹海。这里原名积水潭，是通惠河漕运的终点码头及调蓄水库。在不远处岸边的小山丘上，矗立着一座汇通祠，现为郭守敬纪念馆。正值暑期，前来参观的游客络绎不绝。

　　2014年，中国大运河项目入选世界文化遗产名录，成为我国第46个世界遗产项目。大运河沿岸部分地区由此成为世界文化遗产地，其中就包括元代京杭大运河终点码头积水潭（什刹海）地区，郭守敬纪念馆则成为该地区最具代表性的文化景点。

北京郭守敬纪念馆（粟裕摄）

进入汇通祠，正中前殿三间，匾额"郭守敬纪念馆"，西侧有其塑像。展馆里有4个常设展厅和1个科普展厅，系统介绍了其生平，特别是对元大都水利系统的贡献、在贯通京杭大运河中的重要作用以及延续至今的水利遗产。

追寻"大运河之源"：郭守敬为何选址白浮泉？

"与历史上的北京城息息相关者，首推白浮泉。"历史地理学家侯仁之如此评价白浮泉的重要性。2023年4月，昌平大运河源头遗址公园正式对外开放，大运河北源头"龙泉漱玉"的历史盛景再次展现在世人面前。

作为大运河源头，白浮泉在整个大运河文化带上占有重要位置。白浮泉，属温榆河水系。发端于昌平军都山麓的东沙河，从白浮山流过，裹挟着白浮泉一路向南，汇入温榆河，环抱着北京城缓缓奔向大运河。一条原本普通的泉水，郭守敬为何会选它作为大运河源头？

北京昌平白浮泉遗址（粟裕摄）

　　元代定都后，北京经济迅速发展，人口快速增长，粮饷供给严重依赖江南的漕粮，漕运物资源源不断运往大运河北端的通州。但从通州到大都的最后20多千米，车载人扛，极费人力畜力。《元史·郭守敬传》记载："通州至大都，陆运官粮，岁若千万石，方秋霖雨，驴畜死者不可胜计。"

　　"要打通最后20千米水路，难的不是挖沟，而是找水。"北京郭守敬纪念馆副馆长佟怡天接受封面新闻记者专访时表示，郭守敬寻找水源的过程异常艰难。在大都，玉泉山水系是现成的水源，但一则水量不足，二则还要供皇宫使用。郭守敬也曾考虑引永定河之水，但水流湍急，最终放弃。

　　据佟怡天介绍，当时61岁的郭守敬踏遍京郊的山山水水，历尽千辛万苦，终于发现昌平龙山东北麓的白浮泉。由于通州地势低于大都，开运河只能从大都引水，流向通州。郭守敬进行了反复勘察，发现昌平温榆河水系的白浮泉水量充足，是运河的理想水源。

通惠河（粟裕摄）

川流 中国·开天河

揭秘"巧妙线路"：白浮引水为何西绕瓮山泊？

　　时间回溯至2018年4月，北京市文物研究所先后对白浮泉遗址周边、戏台、都龙王庙等处进行了考古勘探和发掘工作，考古勘探面积12000平方米，发掘面积243平方米。通过考古工作，人们发现白浮泉九龙池出水口，基本确定了九龙池的范围及古代白浮泉流向。

　　郭守敬选定水源后，凭借多年水利经验，在脑海中勾勒了一幅水利图：以白浮泉为起点，引水向西流，沿着西山山麓向西南再转向东南，流入瓮山泊（今颐和园昆明湖），最后汇入大都城。

　　为什么从白浮泉引水后不直接汇入大都，而要西绕瓮山泊？据佟怡天介绍，这主要出于两点考虑：沿着北京西山脚下，绕道而行，一路上有零星泉水和潜流。从白浮泉出来，沿途可汇合双塔河、温榆河、一亩

庆丰闸遗址处（粟裕摄）

泉、玉泉山等水源，水量显著增加。

"此外，若从白浮泉直抵大都城，中间须穿过沙河、清河谷地，经过大量低洼地区，无法向地势更高的城内输送。"佟怡天表示，后来有了"白浮瓮山河工程"，即将白浮泉水先向西引，循着西山山麓绕行至京城西北，囤入瓮山泊，再向南引入大都积水潭，打通了大运河"最后一公里"。这一创举解决了从南方运来的漕粮、货品不走陆路直抵京城的难题。

这一宏大工程仅用10个月就全部完成。据说，当年积水潭上舟楫往来，络绎不绝，忽必烈从上都避暑归来途经此处，十分欣喜，为其赐名"通惠河"。引白浮泉水以济漕运，为通惠河的开通解决了最根本的水源问题。从此，自大运河运抵通州的物资直入京城，使得"京师无转饷之劳"。

寻访千年金丝楠木：北京城为何是通惠河上"漂"来的？

北京庆丰公园因通惠河上的庆丰闸而得名，目前在通惠河河道遗址上仍保留着庆丰闸、平津上闸等遗址。封面新闻记者在庆丰闸遗址看到，一座汉白玉桥横跨通惠河上，桥北修建仿元代屋脊式艺术壁画，上写"庆丰闸遗址"五字，铭刻了二闸修契墨玉石刻板、清代古装画，以及自郭守敬主持兴建通惠河后，明清时期修建庆丰闸的历史。

庆丰公园另一处重要遗址则是神木厂，位于庆丰闸南500米，即如今双井黄木庄附近，是当时储存皇家用木的场所。近年来，朝阳区推进大运河文化带建

千年金丝楠木（粟裕摄）

设，并正式启动了神木厂历史景观复建工程，复建地点在庆丰公园内。

据记载，永乐皇帝朱棣营建紫禁城时，曾派人到四川、两湖、两广等地采办大量上好木料。这些木材经大运河运送到这里存放，此地因此得名皇木场。当时紫禁城建完后，还特意在此留存了一根长六丈余的巨大金丝楠木。

"明清时代宫殿巍峨，楠木、檀木、鸡翅木等建筑用木数量巨大，且多来自湖广川贵的深山密林中。"北京联合大学北京学研究所教授、运河文化专家陈喜波向记者介绍说，这些木材都要经由大运河北上，在通州张家湾码头卸货后经陆运进城，暂存于神木厂。

神木厂所存神木世所罕见，《春明梦余录》记载，最大一根金丝楠木，"围二丈外，卧四丈余，骑而过其下，高可隐身"。清代乾隆帝两次巡视神木厂并赋诗，建黄琉璃瓦碑亭，立《神木谣》碑。记者看到，在神木厂廊房内有一根古老的金丝楠木，大头直径约2.4米。资料显示，该木为金丝楠阴沉木，生长于四川，推测年代为2000～4000年前。

神木谣碑封面新闻记者（粟裕摄）

陈喜波表示，谈起北京城的营建史，不少历史学家喜欢用"漂来的北京城"形容。营建北京城所需的大量材料，通过大运河从南方运来，而成为都城后激增的人口，也要靠大运河自江南调运来的粮食生活。从建筑材料与生活物资的来源讲，北京城是"漂"来的。

大运河文化"璀璨生辉"：古今辉映文化带如何建设？

大运河北京段全长82千米，横跨昌平、海淀、西城、东城、朝阳、通州六区，沿线文物等级高、分布密集、时代跨度长、类型丰富。

"大运河是北京通州的母亲河，也是新时代北京城市副中心最鲜明的城市标识。千百年来，运河水汇聚于此，不仅为城市发展打通了经济动脉，也造就了这里的人文荟萃。"陈喜波表示，近年来，北京不断在水生态修复、湿地建设、园林绿化、景观营造等方面打出"组合拳"，坚持用生态的办法解决生态的问题，着力提升运河生态景观，打造绿色生态带。

沿着大运河遗迹穿行北京城，一处处文化遗产点缀在82千米的河段，与拔地而起的大运河博物馆一起，串点成线，古今辉映，形成大运河文化带，见证千年运河的新生。郭守敬纪念馆、万寿寺、八里桥等50余处闸、桥梁、古遗址、古建筑等遗产点位，让这一段段鲜活的运河历史重新回到人们视野。

这条文化带，也随着流淌的大运河，将京津冀三地紧密联系在一起。如今，京津冀已建起大运河文化保护传承利用协同会商机制，推进大运河文化带共建共享。以运河文化为主题，三地整合沿线文化、旅游等各类资源，系列文化活动丰富多彩，携手传承弘扬运河文化。

（封面新闻记者　粟裕）

坐落于什刹海旁的郭守敬纪念馆（粟裕摄）

一根"神木"的奇幻漂流

　　在山东的黄河和运河流域，扒开堰塘的塘堤，或是在河道边，看到10厘米长，头上有"王"字的小蛇，那就说明遇到了"黄河大王"。

　　黄河严重的水患，运河繁忙的水运，使得明清时期黄运地区出现了诸多被称为"大王"和"将军"的水神。清朝《敕封大王将军纪略》记载了与黄河和运河有关的6位"大王"、64位"将军"。明代工部尚书宋

明代工部尚书宋礼（吴德玉摄）

礼，因其疏通大运河的功绩，在光绪五年被朝廷敕封为"显应大王"。

在南旺水利枢纽如今依旧挺立的建筑群中，有两栋面对古运河的建筑尤为显眼：灰瓦绿顶的是禹王庙，为纪念大禹在山东治水的功绩而建造；灰瓦灰顶的则是供奉"显应大王"的宋公祠，榫卯结构的主梁历经了600多年的时光依旧完好。

大运河南旺枢纽博物馆（闫雯雯摄）

"宋礼在南旺这里治理了大运河通航的问题后没多久，就被调到四川伐木，修故宫去了。"在山东省济宁市南旺水利枢纽，汶上县文物保护中心刘健康副研究馆员说。

宋礼两次来川寻"神木"

明永乐四年闰七月初五（1406年8月18日），靖难之役的第一功臣淇国公丘福，带领文武群臣，恳请皇帝"建北京宫殿，以备巡幸"。"永乐四年闰七月初五"也被称为营建北京之始。

修建故宫，首先要解决的是建材问题，来自山东临清的贡砖，产自太湖的太湖石以及来自苏州的金砖，被源源不断地送到了北京。相比之下，想要获得用作主梁和大柱的木材，则要困难得多。

朱棣派出了5路人马，分别在四川、湖广、江西、浙江和山西诸省寻找木材，但他寄予最大期望的，还是四川的宋礼。

用现代人的语言来说，宋礼这个人浑身上下都写着"靠谱"两个字。读书时，他刻苦认真，除了儒家经典四书五经外，还抽空钻研《考工记》等专业书籍；工作时，领导指哪儿他去哪儿，还会主动挑战一些几乎不可能完成的任务。

在四川宜宾，宋礼找到了大片的楠木林。《明史·宋礼传》记载："会北京营建，命取材川蜀。既至，赐有司率更民，历溪谷险绝之地，凡材之美者悉伐取之。"

当营建北京的木材顺着大运河一路北上时，又遇到了一个新的问题：运河因为淤塞，断航了。这可急坏了朱棣，大运河一天不通航，紫禁城就无法完成修建。于是，他便命宋礼打通会通河，使京杭大运河全线通航。

接到皇帝的命令后，宋礼当即征发山东、徐州、应天、镇江等多地共三十万民工，通过改进分水枢纽、疏浚运道、整顿坝闸、增建水柜等多种方式，完成了这项艰巨的任务。

大运河全线通航之后，宋礼再次来到四川采木，并且极有可能与他曾经当过仪陇县令的父亲一样，卒于四川，但他为四川楠木开辟的入京道路，此后一直没有中断。

在约200年后，来自意大利的传教士利玛窦，还能看见由楠木扎成的木排进京。他在自己的日记中写下了这样的字句："经由运河进入皇城，他们为皇宫建筑运来了大量木材，梁、柱和平板……像这样的木排来自遥远的四川省，有时是两三年才能运到首都。"

宋礼在南旺治理大运河的情景再现（吴德玉摄）

神木山祠记录砍伐楠木的往事

2023年6月，四川省绿化委员会办公室公示了《2023年四川省古树名木名录》，其中树龄在500年以上的一级古楠木共169棵。而曾经拥有大片楠木林的宜宾，却只剩下9棵。

要知道，金沙江下游两岸的崇山峻岭之中曾古木参天，最大的1棵"长六丈余，横卧于地，骑者隔木不相见"。

从宜宾出发，顺着关河逆流而上，大约一个小时就能到达云南盐津县。在明清时期，盐津北部由叙州府和马湖府等管辖，宜宾县官曾经多次在这里采伐桢楠。如今，盐津县滩头乡还有两处摩崖石刻记载了明代在此砍伐楠木的情况，特别是在明朝永乐五年，也就是公元1407年那一次："叙州府宜宾县官主簿陈典吏可等部领人夫八百名，拖运宫殿楠木四百根。"几乎可以肯定，这就是为了修建故宫而进行的砍伐。

而在宜宾中都，有一座山因为出产的楠木又多又好，被皇帝赐名"神木山"，甚至在山下还建有神木山祠，成为明清时期长江上游大量砍伐森林的典型历史文物。

如今，神木山祠已经不复存在，但在宜宾中都当地，仍留有当时神木山祠的碑刻。在中都镇楞严寺的后殿中，就保存了一块残碑，这块残碑系青绿色砂石制成。可惜的是，原始的石碑已经断成五块，其中一块不知去向，一块被嵌入了夏家的民房墙中，残存的三块残碑基本可见碑文：碑中"神木山祠"四个行草大字，碑文上为"中顺大夫马湖府知府刘□"下落款为"嘉靖岁丙寅闰十月二"。

宏安坝村副支书温守军告诉记者，村里有老人曾在年幼时在山上看到过神木山祠，而且在那个时候，山上还留有厚厚一层碎木屑，这些都是历朝历代砍伐桢楠留下的证据。

其实，在宜宾境内，除了屏山，大塔、双龙、横江以及长宁县，筠连县也有采伐的痕迹，这种采伐给当地人民带来了巨大的苦难。《四川通志》记载："产木之处，十室九空，人民无几，即尽其州县之老壮男妇，俱充木夫，进山一千，出山五百，白骨暴于木莽，谈及采木，莫不哽咽。"

桢楠树守护下的甜竹村致富路

在《四川省古树名木名录》中提到的宜宾9棵一级古桢楠，除了1棵位于珙县之外，剩下的8棵都位于宜宾市筠连县联合苗族乡甜竹村。这8棵古树的树龄都在600年以上，是周边十里八乡有名的"神木"。

"我们村里的楠木有上百棵，但是老楠木就只有这8棵。"宜宾筠连县联合苗族村甜竹村支书章圣贤这样说。

2023年7月中旬，四川新一轮降雨滚滚来袭，在关注灾害天气的同时，他还要特别关注这8棵桢楠："我是林长嘛。在我们甜竹村上任村

支书，就自动成为这8棵楠木的林长，要负责巡查，发现了问题要立刻报备。"

"我们联合苗族乡比较小，好多人都不太清楚，但是一说到有8棵老桢楠的地方，大家就晓得了。"这几棵桢楠非常粗壮，需要两个成年人手牵手围拢才能将树干抱住。据村里九十多岁的老人回忆，在他们小时候，这些桢楠就已经这么粗了。每年三月，会有数百只白鹭成群结队，嬉戏于保存完好的百年桢楠林中。这些白鹭待到七八月才会飞走，会引来很多采风的摄影爱好者。"

夏天，村民们都爱聚在桢楠树下乘凉，这些经历过岁月洗礼的老树，早已经成了大家心中神圣的象征。而在桢楠树下，甜竹村的村民们却通过另一种植物，走上了致富路。

"以前，村里都是泥巴路。乡里的学校就在桢楠树下，只要一下雨，学生们走进教室都是满脚泥巴。现在，村里通了硬化路，村外的水泥路也变成了沥青的公路，村里也办起了竹笋加工厂，大家的生活越来越好了。"昔日堪称"与世隔绝"的贫困村几年前已经整村脱贫，乡里的加工厂不仅承接本村的竹笋加工业务，还有余力为周边乡镇加工竹笋，"以前的集体经济是空白，自从开始发展竹笋精加工，现在每年都有20多万元的收入！"

53岁的甜竹村村民唐怀武靠着种竹卖竹过上了好日子。他告诉封面新闻记者，自己租了100多亩地来发展楠竹产业："我一年管理三次，然后2月底开始挖笋子一直挖到4月。一亩地挖500斤笋子可以挣750元。"

"欢迎你们到甜竹村来喝茶。"唐怀武发出邀请，"到时候我到桢楠树下接你们。"

（封面新闻记者　闫雯雯　吴德玉）

临清贡砖：运河非遗的奇幻漂流

什么样的砖才能被故宫看上？

"如果故宫用上别处的砖，我就不干了！"

山东省临清市魏湾镇赵回村的赵庆安，是临清贡砖烧制技艺代表性传承人，这位从小在砖窑长大的中年汉子，带着封面新闻记者在砖厂里转悠时，说得最多的就是这句话。

提起山东临清，很多人会感到非常陌生，而当我们参观故宫、明十三陵、天坛、地坛、国子监时，所看、所摸、所踏的，皆有临清贡砖。明清两代，大运河对北京城有举足轻重的地位，所以人们常说："没有大运河，就没有北京城。"而随大运河漂去的，还有临清的砖。

无论岁月如何变迁，作为临清贡砖烧制技艺的代表性传承人，赵庆安始终把将贡砖送往故宫当成人生最大目标，并一直为之热血沸腾着。

临清的砖，北京的城

明成祖朱棣兴建新都城时，临清烧制的青砖脱颖而出，被定为贡砖。位于大运河旁的临清，既有烧制贡砖的技艺与原料，又有运河运输之便。

"击之有声，断之无孔，坚硬苗实，不碱不蚀"，临清贡砖以此名扬海内。据统计，当年临清在大运河两岸的砖窑一度多达190余座，仅参与烧制贡砖的固定工人便有9600余名。

临清贡砖烧制技艺已有500多年历史，于2008年被评为国家级非物质文化遗产。2016年，临清贡砖文化基地负责人赵庆安签下了向北京故宫供货的合同，临清贡砖穿越历史时空，再度来到紫禁城。

"临清的砖，北京的城。"临清贡砖在北京城的兴建中发挥着举足轻重的作用。

为什么选择临清贡砖？一是临清的土质好，细腻而无杂质，俗称"莲花土"，用这种土烧制的砖异常坚硬，敲起来有一种悦耳的金属声，是理想的建筑原料；二是临清的水质好，当地的漳卫河水质清澈，碱性较小，适宜制砖；三是临清紧靠运河，交通方便，烧出的砖可直接装船，运往京城。

赵庆安拿着两块临清贡砖敲击，果然，声音清脆悦耳，发出如铜铃般的美妙声音。

一块临清贡砖完全烧制完成，大约需要半个月。

至今，窑厂还保存着旧窑遗址，在遗址旁，一个个新砖窑林立，分毫不差的传统技艺，让临清贡砖燃烧着勃勃生机。

参观时，赵庆安指着在砖窑立面上的一个小孔说，这叫"神眼"，

砖窑立面上的小孔叫"神眼"，可以观察砖的颜色变化（吴德玉摄）

"快烧好的时候,可以通过这里观察里面砖的颜色变化",烧窑师傅们结合经验最终判断该窑的砖何时烧制完成,下一步就准备"闭火"。赵庆安把自己的工作称为"良心买卖":"绝对问心无愧,不可能偷工减料,只能说多加点烦琐的工艺。"惊蛰到芒种是做坯的最好季节,梅雨季节,基地不接大砖的任务,他要对出去的每一块砖负责。

据《直隶临清州志》记载,临清砖窑在明代"设工部营缮分司督之",其烧制工艺十分复杂,要经选土、碎土、澄泥、熟土、制坯、晾坯、验坯、装窑、焙烧、洇窑、出窑等20余道工序。具体来说,"莲花土"经过碎土、过细筛后,选出没有杂质和颗粒的精土放入池中,用水浸泡。浸泡一年后,再过滤出细泥膏,经过踩踏去除泥内气泡。然后,经过"醒泥""摔泥",放入铺布的砖模内,以板拍打,用铁弓刮掉多余泥浆,制作成坯。制作好的砖坯还需放置整齐进行晾晒,干透后方可装窑焙烧。装窑后,一般用豆秸或棉柴烧30天左右,再用水慢慢洇窑,然后出窑。

嘉靖年间烧制的临清贡砖,曾用于故宫建设(吴德玉摄)

一个"跑斗少年"的终极梦想

如果用《水浒传》里的好汉来形容赵庆安，李逵是最合适的。黑黑壮壮，不说废话，没有一句虚的，干就是了。

赵庆安童年便跟随父亲在砖窑厂"跑斗"，十五六岁之前已经出师，学会了全套工艺。但重拾老本行再造临清贡砖，却已经是中年以后。

"我20多岁的时候去跑运输了，但心里头一直想着做砖的事，想了十来年。17年前，有一次我往济南修大明湖的南门送砖，听说送的是临清贡砖，第二天我就把车撂了，不干了！"

他在赵回村村西创办了这家窑厂，探索传统贡砖烧制技艺，立志烧出质量过硬的贡砖。"我想把临清贡砖送进故宫！"

正如赵庆安所说："真想把非遗做好的人都是个疯子。"不疯魔不成活，没有赵庆安的魔怔劲，便不会有临清贡砖的今天。

他说自己无论白天睁着眼工作还是晚上闭着眼做梦，想的都是临清贡砖："儿子读高中时，我连他学校的门朝哪个方向都不知道，天天满脑子都是贡砖。让国家更多的古建单位用上咱的砖，才是咱的初衷。你的砖再挣钱，国家级的文物单位不用你的砖，就徒有虚名。"

5年后，窑厂终于走上正轨。

2019年，故宫博物院的专家来临清考察，他们计划为故宫的修缮再进一批贡砖，看到窑厂使的土质、使的筛子，心里一下有谱了。赵庆安夸下海口："你们拉砖到北京做实验，认可我的砖了再给我钱，如果我的砖出现质量问题，我赔给你钱！"

至于后续，赵庆安笑了："故宫那边把砖拉走后，第二年就把钱给了。"

在这之前，赵庆安对窑厂接的任何订单都没如此高兴过，自己的砖在别处卖多少钱，在他看来都不算稀罕。"只有故宫用上我的砖，才能叫临清贡砖！"临清贡砖，再次名副其实。

别看现在局面打开了，难的时候，赵庆安也哭过，他说："真哭，嗷嗷地哭，你想多难！只有一根筋才能干好这个事。"

2021年12月，北京市文物保护协会、文物建筑保护专业委员会向赵庆安的临清市魏家湾贡砖文化传播展示基地，颁发了北京市古建筑青砖材料基地的证书。赵庆安更感觉责任重大："如果从咱临清出去的砖，因为质量不行出了问题，那不把老祖宗留的脸面给砸了？！它既是一个传承还是一个责任，不敢有一点含糊。把老祖宗的牌子砸到咱手里，咱不成一个罪人了？！"

（封面新闻记者　吴德玉　闫雯雯）

和而不同，大运河边不能忘却的异域血脉

山东临清人的早晨，是被"炸马堂"唤醒的。

"炸马堂"，其实就是变形的油条。中国人天生爱憎分明，痛恨奸臣，总是诅咒他们死后下油锅。京杭大运河的最南端杭州，油条被称为"油炸桧"，表达人们憎恨秦桧的朴素情感；而临清人，则是将明万历年间天津税监太监马堂"炸"了。

据史料记载，马堂在临清不仅搜刮民脂民膏，还纵容无赖数百人白昼行劫。于是，临清人的"炸马堂"不仅要用滚油去烹制，甚至形状也做成了圆形，吃的时候要用剪刀剪开，意为"开膛破肚"。

在临清的钞关，也就是马堂曾经办公的地方，用蜡像的形式再现了意大利传教士利玛窦与马堂"过招"的瞬间。利玛窦曾被马堂关押，后历经千辛万苦来到北京，成为中西交往史上的一座里程碑。

蜡像再现利玛窦过临清钞关被马堂为难（吴德玉摄）

实际上，大运河上往来的外国人并不只有利玛窦，还有无数来自周边国家，甚至是欧洲大陆的使团。他们的到来，为大运河连接中外的历史写下了辉煌的篇章。

"西学东渐"先行者利玛窦在中国

一百年前，意大利博洛尼亚大学天文台博物馆的展陈出了错。出错的是一幅古代地图《坤舆万国全图》，原本应是6扇图面，但博洛尼亚大学天文台只有2幅原件。

《坤舆万国全图》是中国最早的世界地图，在中国历史和科技史上有着重要的地位，是中国第一份出现美洲的地图。

利玛窦，是"西学东渐"的先行者之一，他将自己在中国的所见所闻写成《利玛窦中国札记》。利玛窦两次通过大运河进北京，在札记中，他留下过这样的记述："从南京到北京沿途经过江苏省、山东省的许多著名城市。除去城市外，沿河两岸还有许多城镇、乡村和星罗棋布的住宅，可以说全程到处都住满了人。沿途各处都不缺乏任何供应，如米、麦、鱼、肉、水果、蔬菜、酒等，价格都非常便宜。"

顺着大运河漂进北京之后，利玛窦虽然没见到十多年不上朝的万历皇帝，却与一群明朝官员成了好友。在翰林院任职的徐光启，就常常到利玛窦的住所，听他讲西方科学，甚至花了一年的时间跟利玛窦一起翻译了《几何原本》；工部官员李之藻与利玛窦共同绘制了《坤舆万国全图》，并且摹绘和刻印了数个版本。

《坤舆万国全图》的刻本被辗转送到意大利后，博洛尼亚大学天文台偶然得到了两扇残卷。由于不懂中文，在几百年的时间里，它们被错误地与另外一幅画拼在了一起。那幅画是利玛窦的至交徐光启主持绘制，他的"迷弟"德国人汤若望参与绘图的《赤道南北两总星图》。

汤若望是顺着利玛窦的足迹来到中国的，他在罗马读书的时候就曾经阅读过《利玛窦中国札记》，对中国心驰神往。1623年，也就是利玛窦去世后的第十三年，汤若望来到了北京，住进了利玛窦修建的南堂。

汤若望一生经历了明清两个朝代，去世之后，他被安葬在了利玛窦的身旁。

苏禄王第19代后裔为祖先守墓

从北京的利玛窦墓出发，驾车走京台高速转大广高速，只需4个半小时，便能抵达德州市德城区北营村的苏禄王墓博物馆。

苏禄王墓，距离大运河河岸不到1000米的距离，是中国境内现存唯一一座保存完整并有后裔守墓的外国国王陵墓。苏禄国位于今天的菲律宾群岛的南部。

1417年，苏禄国王率眷属和侍从顺大运河而上来朝见明朝皇帝。在辞归途中，国王染病薨逝于德州。明成祖"不胜痛悼"，命以"王礼"择地为苏禄王营造陵墓。其长子都马含归国继承王位，留苏禄王王妃葛木宁、次子温哈剌、三子安都鲁及侍从十余人居德州守葬。守墓期满后，王妃和王子留居德州，至今已经繁衍了22代，后人接近4000人。

苏禄王墓博物馆宣教部主任安静便是苏禄王第19代后裔中的一员。

从小，安静就听村里的老人们反复地说过，祖先是从南洋来的，而东王后裔家族委员会的老人们手里，更有一本谱系清晰的家谱，记录着这个家族定居于此之后，每一代守墓人的名字。

苏禄王墓（苏禄王墓博物馆供图）

苏禄王墓（苏禄王墓博物馆供图）

苏禄王墓（苏禄王墓博物馆供图）

　　这一切都让安静非常好奇。

　　长大后，她来到了苏禄王墓博物馆工作，成为新一代的"守墓人"，至今已有20多个年头。到今天，她还能记得自己当时决定来"守墓"时，家里人的态度："虽然他们没有表现出特别高兴的样子，但我能看出，他们是非常愿意让我从事这份工作的。"

　　进入博物馆之后，安静主要负责宣传和接待。这些看似很日常的工作，也带给她无穷的乐趣。"守着自己家，把家族的故事传播出去，让大家都来了解这一段历史，让我感觉自己的工作很有意义。"

18年前回菲律宾祭祖　他历历在目

　　相比于安静，今年55岁的温海军要更幸运一些。作为苏禄王的第18代子孙，他曾经代表二王子温哈刺的后裔，去过菲律宾。

　　虽然那已经是18年前的事了，可温海军对这一切仍历历在目。

　　温海军从小就住在苏禄王墓旁，后来由于陵园的规划，他们迁出了遗址区，于是他便在入口处开了一家小卖部。

　　2004年10月，菲律宾华裔青年联合会的洪玉华女士跟北京大学的学生一道来到苏禄东王墓探望。走到陵墓的门口，她突然想问问这些苏禄王的后裔究竟生活得怎么样了，于是有人告诉她"到门口小超市去问问"。

　　"我平时有自己的工作，上白班，我的媳妇守在小卖部里。当时她就跟洪女士说，我丈夫姓温，是苏禄王第18代后裔。对方就说，之后可能会有一个活动邀请。"温海军记得当时妻子跟他说这件事时，语气有多快乐，但他并没当回事儿，"结果没过多久，就有人来通知，说菲律宾方面邀请了我去参加活动。"

　　除了温海军之外，同行的还有两个安家的长辈。他们在菲律宾受到了热情的接待，让温海军记忆最深刻的还是到了苏禄岛祭祖的时刻："在此之前，苏禄王留在中国的后裔一直没去过菲律宾，我们去了，于是搞了一个特别盛大的庆典，还在我们祖先的墓旁立了一个碑，把我们三人的名字刻上了。"

　　不仅如此，温海军还通过翻译得知，接见他们的苏禄省副省长是归国的都马含王子的后裔，比他还小一辈。这层血缘关系让他更加激动："这个事儿是我亲身经历的，再久也忘不了。"

祖辈与现代　　互相遥望的守护

　　尽管曾经有大人物在这里繁衍生息，但北营村的村民们想着的，只是过好自己的生活。作为博物馆的工作人员，安静在接受采访的时候，也一直忙个不停。一会儿回答同事关于社交媒体的问题，一会儿又要忙手边的日常工作，她的言语中充满着抱歉："最近事儿真是有点多。"

　　北营村接近300户人，虽然不是每个人都很熟悉，但安静也承认，从小在这个环境中生活，"谁是谁家的人，基本上是知道的"。

　　温海军家里的小卖店一直都开着，现在又修成了二层小楼。外地游客在得知苏禄王守墓人的故事之后，也会问哪儿能见到苏禄王的后裔们，景区的保安往往就会指向温海军家的小卖部。

温海军在家的时候，他会给大家讲讲家族的历史。如果他去上班，妻子马兰香也可以给大家讲讲。马兰香的祖上也是因为苏禄王而迁到北营村的。苏禄王在德州去世，王妃和两名王子留下守墓后，明帝遣调济南历下城的夏、马、陈三姓人来到该处照顾苏禄王的家人。她的祖辈，就是那个时候来的，至今也是几十代了。

而在遥远的意大利，还有人记着那个曾经在大运河上穿梭于南北的传教士以及他的中国朋友们。

2023年5月9日，利玛窦的故乡马切拉塔举行了一场赠送活动。两尊来自中国的塑像被安置在了马切拉塔圣若望主教座堂的门口，这是利玛窦和徐光启的塑像，以纪念利玛窦和徐光启为中国科技和文化的发展作出的贡献。

（封面新闻记者　闫雯雯　吴德玉）

开天河

文 脉

引言

　　滔滔运河水，悠悠文脉长。

　　如果说修筑长城是为了设置难以逾越的障碍，那么开凿运河就是为了实现最大限度的连接和沟通。在大运河的开凿中，先辈劳动者们充分利用了天然河道，把人工运河与天然河道相结合，这是人与自然关系的一种协调和改善，是天人合一的杰作。从天堑变通途，从自然水道到人工运河，意味着人类的生存状态从逐水而居上升到引水而用，这是人类文明的一次飞跃。大运河除了带来空间地理的沟通，还带来人心的交流和精神的沟通。而灿烂的文学艺术就是种种沟通带来的美好结晶。

　　从纵向的时间维度来说，大运河从2500多年前穿越时空风雨沧桑地走到现在，是穿越古今几千年的时间之河。从横向的地理维度来说，大运河横贯南北，连接中国五大水系，地跨8个省级行政区，也是延伸在大地上的空间之河。时空纵横，立体交错，一个流域空间形成了一个巨大的活的文化遗产生命体。围绕大运河，可以谈漕运、谈文艺、谈园林、谈交通、谈古渡、谈经济、谈政治、谈科技，种种课题繁复交织，尤其是促成了大量文艺经典的诞生，凝聚成了中华民族的一条重要文脉带。

　　古往今来，大运河就像一条文化走廊，南来北往的过客，不仅留下了足迹，还留下了脍炙人口的诗行。无数文人墨客、迁客骚人，漂流在大运河上，俯仰天地，留下了传颂至今的诗句，无形中合力完成了千年古渡的诗意书写。其中不乏李白、白居易、王安石、张若虚、刘禹锡、苏东坡、陆游、杨万里等中国文学史上的"一线大诗人"。

　　到了元代，隋唐大运河被截弯取直，京杭大运河成型。从此，商品经济和市民社会发展抵达中国传统社会的一个顶峰。经济的繁荣催生出大运河沿岸丰富的世俗生活，尤其是大大助推了叙事文学的繁荣，直接促使"杂剧""小说"等面向大众的文学体裁的诞生、发展和繁荣。其中代表性的作品有《金瓶梅》《老残游记》《聊斋志异》《杜十娘怒沉百宝箱》等，而明清小说四大名著中也有不少家喻户晓的"名场面"，都与大运河有着千丝万缕的联系，以不同的方式散发出运河的气息。作为发达的水上交通要道，大运河也为四大名著的传播打破了空间限制，使其能发挥更大影响力，尤其是让读者群体从此前的士人阶层扩展到普罗大众，从而成为传世经典。可以说，一条大运河，孕育出了四大名著。

大运河虽然在近代有所衰落，但其身影依然时常在文学作品中出现，比如茅盾、汪曾祺、刘绍棠等人的作品。在当代小说家徐则臣的小说中，大运河叙事已经成为其最具代表性和最为显著的标识，他以大运河为主线书写的《北上》于2019年获得第十届茅盾文学奖。

如果你有机会沿着大运河走，太多的历史"名场面"，将会迎来扑来，令你应接不暇。大运河之路，李白走过，苏轼走过，利玛窦走过，鉴真走过。在"三言二拍"的文学故事里，杜十娘在运河里倾倒了珠宝，彰显了一个女子的胆识和气节。古代士子顺着大运河或北上赶考、或南下归乡、或仕途奔波。走近大运河，犹如在阅读一部流淌在大地上的史诗。在扬州的瓜洲古渡，人们可以遥望长江与大运河交汇，也可以泛舟于大运河遗产点"瘦西湖"上，穿梭在一个个犹如历史浓缩胶囊的江南园林里，清晰感受一个现代城市的深厚文脉。

回望河流的历史，就是了解先辈们如何依靠、利用自然，发挥人的智慧和勇气，重整山河的故事。他们曾经是如何披荆斩棘，发挥力量和智慧，在大地上、江河间开凿、修复、维护运河，将横亘在大地上的天然河流互相连接、沟通起来。大运河催生了文学艺术的繁荣，而文学艺术也反过来反哺了大运河。

大运河也见证了古人对打破隔阂、彼此联结的深切渴望。这种渴望，在容易产生隔绝与孤独的当下，显得尤为可贵。我想，这也是大运河从历史深处带给现代社会的一大启示。作为活态遗产的大运河，未来还会传达出怎样有价值的信息，书写怎样的文明故事，值得我们期待。

扬州·三湾古运河（张杰摄）

用"四大名著"打开大运河

如果没有大运河，中国文学史将去向何方？

　　河流之上，南来北往，必然有故事发生。水光荡漾，人心跃动，文学会茂盛生长。从公元前486年夫差开凿邗沟算起，涵盖隋唐运河、京杭运河、浙东运河的中国大运河，贯穿中国2500多年历史，总长度约3200千米。在漫长的历史进程中，中国大运河作为联结华夏南北的黄金运输航线、水上经济尤其是漕运大动脉，成为中国历史上多个封建王朝的重要命门所在。大运河作为一个涌动着丰富文化的流域空间，也凝聚成为中华民族的一条重要文脉。

　　运河，顾名思义，就是运送之河，运兵、运粮、运客、运货。除了运载帝王将相军队粮草，还有无数普通人和日常货物，曾在大运河上漂流。穿梭水上的人们，或经商，或赶考，或探亲，或游历，追求各样梦想，他们的爱恨情仇、悲欢离合、命运起伏，在四季交替中上演，又一一消逝于波涛之间。在大运河流域，曾上演着无数人追求梦想和理想的故事。

　　为什么运河孕育故事，也滋养善于写故事的人呢？南京大学文学院教授、中国红楼梦学会副会长苗怀明在接受封面新闻记者采访时解释道："运河跨越不同的地区，跨越不同的方言，它是一个交融的地带。不同地方的人都可以从这个地方过，所以它就会形成一种文化交流。江南的读书人、士子，如果要到北方考取功名，通常也是走水路，必然会

有在大运河上坐船的经历。旅途两岸的风俗民情，一路上的所见所闻，会激发士子写诗，或者积淀一些感受，成为其进行小说、散文等其他文学创作的素材。比如说一个读书人从杭州坐了船到北京去，走半个月或者一个月，路上看到不同的风景，自然而然也就容易诗情大发了。"

大运河不仅从外部提供了小说这一文体诞生、发展、繁荣的客观条件，还直接进入作品内部，成为小说家创作情节时的素材，成为诸多情节"取景地"。这一点在中国古典小说四大名著中体现得尤为明显。如果细数《红楼梦》《三国演义》《水浒传》《西游记》中一些家喻户晓的"名场面"，你会发现，不少都与大运河有着千丝万缕的联系，以不同的方式散发出运河的气息。

此外，作为发达的水上交通要道，大运河也为四大名著的传播打通了空间限制，使其发挥了更大的影响力，尤其是让读者从此前士人阶层扩展到普罗大众群体，从而成为传世的经典。可以说，一条大运河，孕育出了"四大名著"。

作品带有浓重大运河特色的当代小说家、茅盾文学奖获得者徐则臣说："假如没有大运河，四大名著不一定有问世的机会。"包括四大名著在内的这些经典文学作品，不仅为当下读者提供精神生活的食粮，也成为我们今天了解大运河，感受大运河流域风情风物的绝佳窗口。大运河滋养了一支支妙笔，而绝妙的文字又反哺了大运河，让大运河的魅力更深入人心。

"大运河漂来一个林妹妹"：《红楼梦》始也大运河，终也大运河

作为"四大名著"之首的《红楼梦》，与大运河关系最为密切。不管是从《红楼梦》的文本，还是从作者曹雪芹本人的出生地和少年成长地，都能分析出浓郁的"大运河"元素。自曹雪芹曾祖父曹玺开始，曹家三代四人担任清代江宁织造近60年。现实生活也自然地映射进了曹

公的笔下。苏州、扬州、常州、北京这些今天著名的京杭运河城市，是《红楼梦》里重要的地理空间元素。这些运河城市的文化特色自然也流淌在曹雪芹的红楼一梦里，融入小说的血肉气息里。

《红楼梦》开始于大运河，结束于大运河，中间也氤氲着大运河的水汽。翻开《红楼梦》，扑面而来的就是大运河。开篇写道："阊门最是红尘中一二等富贵风流之地。"苏州阊门一带是清代苏州全盛时最繁华的商业街区，也是大运河南段极富贵之地。阊门附近五河辐辏，上塘河是京杭运河故道，现在我们到山塘河畔可以看到"中国大运河遗产点"遗址桩竖立在山塘桥边。

《红楼梦》尾声一幕在毗陵驿，宝玉在大雪中与父亲贾政拜别。毗陵驿是一个真实地名，位于现在常州老西门古运河北岸。毗陵驿最早设于南唐时期，元代设铺递，供传递公文的差役和官员途经本地时停船休息或换马住宿，是旧时江南大驿之一。虽然《红楼梦》的结尾是由高鹗完成的，但他应该是深谙曹公心理，才将这开始于大运河的千古大梦，终止于下雪的运河驿站。

除了首尾在大运河中圆融一体，在《红楼梦》里，林黛玉也是一个

南京江宁织造博物馆（张杰摄）

"运河人"。林黛玉的父亲林如海任巡盐御史,本贯姑苏。也就是说,林黛玉是苏州人,因父亲任巡盐御史之职故生活在扬州。苏州、扬州都是运河重镇。明清两代的两淮巡盐监察御史一职,虽官阶不高,但实权在握。曹雪芹的祖父曹寅在担任江宁织造期间曾兼任此职。曹雪芹将他家族里最重要的头衔,安置在了《红楼梦》林黛玉的家庭里。

大运河(扬州段)(张杰摄)

林黛玉是"运河人",还体现在她人生最大的一次环境变故——"抛父进京都"中,在老师贾雨村的护送下,林黛玉从扬州启程坐船北上,投靠京城舅父家。清代从扬州直达北京的水路只有京杭运河。从这个角度来说,不是"天上掉下个林妹妹",而是"大运河漂来了个林妹妹"。之后,林黛玉与大运河还有一次近距离接触——因为父亲林如海去世,黛玉在贾琏的陪伴下回家料理丧事。林黛玉一生两次出远门,都与大运河密切相关。

林黛玉在运河上
(来自87版电视剧《红楼梦》截图)

细读《红楼梦》的人还会发现，小说中人物说的方言俚语，涉及北京、苏州、宿迁、扬州等地。扬州大学教授、扬州大学中国大运河研究院研究员潘宝明就在接受封面新闻记者采访时专门举了不少例子，说明《红楼梦》里一些人物的口音与扬州当地方言高度一致。比如宝玉挨打时，一个听岔的老仆人的口音。此外《红楼梦》里的饮食，也有着浓重的淮扬特色。

小说虽然是虚构的，但离不开现实的基础。《红楼梦》里的运河元素，跟作者曹雪芹自身的运河缘分分不开。曹家祖籍辽宁，清代内务府正白旗包衣世家（皇室的家奴世仆），因与康熙皇帝关系非同一般（曹雪芹的曾祖母孙氏做过康熙帝的乳母，祖父曹寅做过康熙的伴读和御前侍卫），自曹玺起，曹寅、曹颙、曹頫，祖孙三代四人，连续在南京担任江宁织造这一肥差达60年之久。康熙沿大运河六下江南，四次由曹寅负责接驾，并住在曹家。曹寅自康熙四十三年（1704年）起，还被指定兼任两淮巡盐御史，隔年到扬州署理盐政，扬州是两淮盐政的中心。

作为江宁织造兼任两淮巡盐御史，曹雪芹的祖父曹寅在江南一带，于公于私，一定多次往返于大运河。曹雪芹的祖父曹寅，更是一个实实在在的"运河人"。由于皇宫里面每年都要用到大量丝织品，明清时期朝廷在江南设立了三大织造局：江宁织造、苏州织造与杭州织造。三大织造作为皇商，共同经营江南地区的丝绸产业，负责为宫中督造和采办丝织品和绸缎，其中又以江宁织造最为出名。属于领头羊的江宁织造，重点负责皇帝

南京江宁织造博物馆（张杰摄）

本身的一些御用物品。"这些官办的丝织品怎么运往北京呢？必须经由大运河。他们持有大运河特别通行证。我们博物馆里就保存有这样的文物。"南京江宁织造博物馆常务副馆长黄晨，在接受封面新闻记者采访时说。

"曹雪芹少年时代（从出生到13岁左右）随祖父曹寅在江南生活，祖父身上的运河文化气质，也悄然融入曹雪芹的血脉之中，流淌在他的作品里。除了他的出生地南京，少年时代的曹雪芹，还随家人到过扬州等地。曹雪芹整个江南都去过，去过苏州、扬州，就必然要走运河。这些城市都与大运河有着紧密的关系。曹雪芹尝尽了世态炎凉，沿着大运河，返回北京，写出了《红楼梦》。对于曹雪芹来说，称得上是'兴也运河，衰也运河；生也运河，死也运河'。"苗怀明说。

南京江宁织造博物馆内展陈（部分）（张杰摄）

在"漕运之都"淮安，"运河之子"吴承恩写就一部浪漫奇书

明清两代，江苏淮安极其发达。漕运总督和河道总督先后把总督府衙设置在江苏淮安，作为全国漕运、河道治理事务的指挥和管理中心。淮安是全国的漕粮仓储中心、粮食调运中心，被誉为"天下粮仓"。"之所以将漕运总督衙门设在淮安，是因为这里是大运河与淮河的交叉

口，黄河夺淮入海，更是成为淮河、黄河与大运河的交叉之地。康熙皇帝南巡，乾隆皇帝南巡都要到淮安。那个地方相当于中国的一个命门。"苗怀明教授，曾于2020年进行了一场"走读"大运河之旅，其中一站就是淮安。当走在河下古镇的狭长石板路上，苗怀明除了怀想起这里曾经拥有的喧闹与繁华，更不会忘记这里是奇书《西游记》的诞生地。

淮安运河闸口（苗怀明摄）

　　《西游记》的故事主线虽然不在运河畔，但作者吴承恩却是毫无争议的"运河之子"。吴承恩生长在淮安河下古镇，该镇是大运河沿线重镇，曾是清朝特派盐运使的驻地。除了长期在淮安生活，吴承恩晚年创作《西游记》时也是在淮安。最早记载吴承恩作《西游记》的是明代天启《淮安府志》。该书《人物志》中描述吴承恩"性敏而多慧，博极群书，为诗文下笔立成，清雅流丽，有秦少游之风"。

　　《西游记》这部奇书的创作一定汲取了大运河"漕运之都"淮安的营养。从小在运河边长大，听南来北往的故事，无疑也给吴承恩带来了瑰丽的文学想象力。"如果说运河在江南地区演奏的是轻快的'好一朵

茉莉花'的话，到了淮安一带，河流的旋律则变得格外凝重。"苗怀明说。淮安的清口枢纽解决了运河"会淮穿黄"的难题。淮安的清江大闸有漕运咽喉之称。吴承恩生活的明代是这段运河漕运最繁忙的时期，也是这座城市历史上最辉煌的时期。在《西游记》中可以窥见许多商业繁荣的产物，如邸店、客舍。《西游记》的故事发生在唐代，唐代是没有邸店和客舍的，但吴承恩所生活的明代运河城市，经济已经相当发达，运河南北通达促生了这类生意的发展。《西游记》第八十八回中"百货通湖船入市，千家沽酒店垂帘"描写的正是天竺玉华州繁华热闹的场面。而现实中吴承恩肯定是没去过天竺玉华州的，这场景也不像古代南亚，反而更符合明朝鼎盛时期的运河城市风情。

水泊梁山的那一场义气往事，沿着大运河四处流传

从吴承恩故乡沿里运河南下，很快就到了《水浒传》作者施耐庵的老家——江苏兴化。对于施耐庵到底是哪里人，至今仍有争论。目前，大家普遍认为，他是江苏兴化人。兴化位于里下河腹地，也是因运河而繁荣的城市。毕竟只有对水边生活极为熟悉的人，才可能把水泊梁山的聚义生活写得如此地道。如今，在江苏兴化设立有专门奖励长篇小说的"施耐庵文学奖"。

大运河作为一条人工开挖的河流，并没有自己的水源，因此它的开凿必须依托于大江大河，同时也需要沿线的湖泊和地下水来给它提供水源。这些湖泊和河流在当时被称为"水柜"，即蓄水池的意思。小说中"水泊梁山"的原型地是大运河山东济宁段中非常有名的水柜。梁山作为京杭大运河上南北往来的必经之地，无疑为落植梁山泊的水浒故事的创作与传播，乃至为《水浒传》的成书提供了源源不断的生命力。

"施耐庵曾参加以苏州张士诚为首的元末农民起义，起义失败后，施耐庵在运河一带隐居写出了《水浒传》。"潘宝明教授在接受封面新闻记者采访时说。

大运河（扬州段）（张杰摄）

在《水浒传》问世之前，"水浒戏"早已是元杂剧的重要组成部分。水浒故事借助大运河通航带来的人员往来、艺术交流，在运河两岸广为传播。施耐庵的创作能成功，也跟这些在大运河沿线流传的水浒故事息息相关。

《水浒传》很多故事都是发生在运河城市。重要故事发生地集中在山东济宁和泰安一带，这一带在元代京杭运河贯通后成为漕运的重要节点。此外，还有十余个北方运河城市地名：沧州、汴京、孟州（焦作）、高唐（聊城）等。虽没有确切资料证明施耐庵在北方运河城市生活过，但京杭运河通达南北，各区域文化、故事随着河上往来的人们进入不同城市，很可能被同样生活在运河畔的施耐庵获得，并结合自身经历和当时社会情况创作出了《水浒传》。《水浒传》最初的传播途径是各个运河城市的茶楼和漕运码头，在不同城市说书人的共同传播下，成为大众熟知的名著。水浒的故事，从大运河飘来，又沿着大运河飘远。

三国孙权开凿运河哺育六朝繁华，江南被整合成一个整体

三国是风起云涌的时代，在隋朝就已经将"三国"故事以文艺表演

的形式展现，隋炀帝看的水上杂戏就有对曹操和刘备的演绎，内容也多以褒刘贬曹为主。到了唐、宋时期，三国戏曲依旧经久不衰。元至明初各类三国剧目更是不胜枚举，有资料可考的元明时期流传的三国戏曲版本就有超过60种。

罗贯中的家乡目前还不确定是否为运河城市。关于他的家乡至今仍有颇多争议，有杭州说、清徐说、东平说和祁县说。学界为此争论了很多年，至今仍无定论。不过，有一说似乎越来越被大众接受：他是山西人，14岁时随丝绸商人父亲从山西到了江南。他也曾投靠在农民起义军张士诚麾下，与施耐庵相识，并拜施耐庵为师。后张士诚降元，罗贯中返回山西家乡。短暂归乡后又沿运河回到江南，返回期间曾在运河城市短暂停留。

通读《三国演义》，我们不难发现运河城市贯穿其间：割据势力中刘岱所据的兖州、袁术所据的扬州都是南方的运河城市；多个"名场面"的发生地徐州、邯郸等则是北方的运河城市。罗贯中在《三国演义》中不吝笔墨地刻画出四十余场战役，百余个战争场面，其中"官渡之战"的发生地中牟便是隋唐运河故地。

"《三国演义》与大运河最紧密的关系，不在于作者是不是运河人，而在于这部小说原型人物与大运河的真实联系。"苗怀明说。他重点提到，东吴孙权与运河有着密切的关系："运河哺育了三国鼎立之东吴，造就了六朝的繁华。三国时期，南京的执政者是孙权，北面是波涛汹涌的长江，东边不远处的镇江一带是长江的入海口，西边是水势同样凶险的秦淮河，于是他率领部下在句容茅山以北开凿了一条延绵15千米的人工运河，将太湖水系与秦淮河贯通，这就是破岗渎，也是中国最早的运河之一。破岗渎西接秦淮河，与建业城（今南京）相连；东接江南河，与长江和太湖流域相通，作为连接建业城与太湖流域的生命线，承担起东粮西运、商旅交通、军资调配、水利灌溉等作用。它将南京与大运河江南段的前身——江南河紧紧地联系在一起。从此，来自三吴一带的粮食等物质源源不断地运往建业，江南被整合成一个内部有着紧密联系的地域而存在。"

南京破岗渎遗址（苗怀明摄）

也正是因为孙权修建运河之功，南京从长江边上的一个小镇，一跃成为繁华的六朝古都。"光有地势之险还不足以为据，要想成为一个王朝的都城，就必须聚集大量的人口，而要聚集大量的人口，就必须有足以养活这些人口的粮食，而当时南京附近的农业所产还撑不起一座这样的都城。正是这条运河，滋养着京城，孕育了六朝的繁荣，没有运河提供的雄厚物质基础，六朝风流的传奇和浪漫就只能停留在想象中。"

大运河城市带，也是四大名著文化带，这是一个值得注意的文学景观，背后有着深厚的历史原因。"在中国文学史上，运河是一个很重要的因素。大运河也是解读中国文学的一个很好的角度。一条运河史，那就是一部中国的文学史。"苗怀明提到，中国历史上曾发生了一个重大变化——唐宋之后，文化中心南移。唐之前，中国的中心集中出现在陕西、河南这一带。唐宋之后，南方经济的发达，促进了南方文化、文学的繁荣。在很长的历史时期，大运河作为沟通中国南方与北方的大动脉，它所聚集的各方面人才也就越多。这一点从在科举制度实行的一千多年里，江苏浙江一带出了大量的进士，就可见一斑。"大量的经典作品与大运河在客观上存在着时空的交叠，这是自然的也是必然的。"

（封面新闻记者　张杰　张峥　边雪）

茅奖作家徐则臣：大运河是我的文学原乡

　　滔滔运河水，悠悠文脉长。历经岁月沧桑，时间来到近现代。大运河虽然在近代史上有所衰落，但依然映射在不少文学作品中。比如，茅盾于1932年7月创作的《林家铺子》，讲述的是当时江南运河（杭嘉湖地区）的故事。汪曾祺的散文《我的家乡》第一句话就说："我的家乡高邮在京杭大运河的下游。"多部作品被收入中学语文课本的河北作家刘绍棠，一生对大运河情有独钟，写出了《蒲柳人家》和《运河的桨声》，获"运河之子"的美誉。

　　在当代，70后小说家徐则臣的小说创作中，大运河叙事成为其最具代表性和最为显著的标识，引起业内学者的高度关注。他以大运河为主

徐则臣（本人供图）

线书写的《北上》于2019年获得第十届茅盾文学奖。授奖词里特别点到这部作品与大运河的关系："在百余年的沧桑巨变中，运河两岸的城池与人群、悲欢与梦想次第展开，并最终汇入中国精神的深厚处和高远处。中国人的传统品质和与时俱进的现代意识围绕大运河这一民族生活的重要象征，在21世纪新的世界视野中被重新勘探和展现。"站在领奖台上，徐则臣也特别感谢了大运河："写作22年来，我一直在感谢这条河。感谢的方

式就是一篇接一篇地写出与这条河相关的小说。"

大运河是他的文学原乡

徐则臣1978年生于江苏东海，现为《人民文学》副主编。从早期的"花街"中短篇小说系列到近几年的《北上》，在其20多年的文学创作成果中，大运河除了作为小说的地理背景而存在，让小说呈现出独特的地域性以外，还成为他思考、阅读、写作的核心对象，成为作品的主角。甚至在《跑步穿过中关村》《王城如海》这些都市题材作品中，其地理设置也未离开京杭大运河的重要点位——北京。可以说，大运河称得上是徐则臣的文学原乡。如果要梳理当代中青年群体中的"大运河作家"，徐则臣肯定是独一无二的。

徐则臣出生于江苏东海的一个小乡村，那里离运河较远。但江苏是大运河流经的重要省份，水网密集。他对河流很熟悉。"我家屋后有一条河，叫后河。整条后河就是我们日常生活最重要的背景之一。"11岁那年，徐则臣去镇上念初中，校门口是一条向西流淌的河流——石安运河。一大早河面上水汽氤氲，河水暖人。这条运河激发了少年徐则臣对运河最初的好奇："百川东到海，大河向东流，这世上竟有西流水，每天走在水边，都觉得在和奇迹同行。运河水流甚疾，我喜欢往水中丢树叶和纸船，目送它们往远处漂，一直漂，直至不见。然后天马行空地想：一个小时后它们会到哪里？一天后呢？一个月后呢？一年后呢？"此时的少年还没有开始文学写作，但运河给了他最初的文学启蒙。"狭窄的生活激发起我对遥远世界的想象。我在头脑中抓住那些树叶和纸船，想象它们可能漂流到哪里，我想象的世界就能拓展到哪里。这种想象力，后来也成为我写作的源头。"徐则臣回忆说。

成年后的徐则臣与运河的缘分更近一步。1996年，徐则臣到大运河重镇、"明清漕运之都"淮安读书，与大运河的缘分正式开启，并且生发出对运河进行探究的浓厚兴趣。学校附近有一条里运河——京杭大运

河江苏省段的中段，穿城而过。他每天在穿城而过的大运河两岸穿梭，一天看一点，对大运河有非常直观的感受。在以后的若干年里，他无数次来到这段运河边，无数次跨过这条河，无数次沿着河流上下游走。他会到捕鱼的连家船上做客，跟跑船的师傅和老大们拉家常，顺带把千百年里运河的一次次改道也大略了解一遍。徐则臣称这是自己给自己开的一门"一个人的运河研究课"。

之后，徐则臣从淮安负笈北上，来到位于大运河北端的北京，继续读书、工作、成家、定居。"河流确证了我的成长，毫无疑问，河流堪称我个人的成长史。大运河一直流淌在我的生命和生活中，也塑造了现在的我。"徐则臣感慨。

耗时4年，完成以大运河为主角的《北上》

伟大的河流不会自己开口讲述自己，它的故事需要经由一个个活生生的人来讲述。大运河除了是徐则臣在现实生活世界中的重大背景，也成为他小说中稳固可靠的背景和资源。花街，是淮安里运河边上的一条古街。在"花街"小说系列中，徐则臣围绕花街、石码头、运河，讲述古旧静谧氛围下的人间烟火气和现代文明给小镇带来的改变。

随着写作的深入，大运河的存在，在徐则臣的作品里逐渐清晰、重要。"大运河已然不甘于只做故事的背景，它胸有成竹，要到小说的前台来。"徐则臣形容这种感觉，"就像一个东西从黑暗的水面上一点一点浮上来。那一刻，我决定：它不再是我小说的背景，而是主角。"

从2014年到2018年，徐则臣花费4年时间做出了这个文学决定——长篇小说《北上》正式出版。该书以大运河为主角，聚焦其1901—2014年这100多年的历史，集中呈现与这条河相关的各色人物和故事。在书中，几大家族的命运在百年间的大运河中流转，最终拼接成一部关于"一条河流与一个民族的秘史"的大书。

在写《北上》的4年时间里，徐则臣读了六七十本书，运河史、漕运史、地方志，国内的、国外的等等。"我必须知道小说行经的年份和河段，船究竟从哪里走；我得弄清楚一个鸡蛋在1901年的无锡和济宁可能卖一个什么价；我也得知道小波罗点燃他的马尼拉方头雪茄用的大火柴，一盒能装多少根；我还得知道在2014年，一个在运河上跑船的人如何展开他一天的生活……我像患了强迫症一样，希望每个细节都能在小说里扎下根来，它们扎下根，我的虚构才能有一个牢靠的基座，小说最后才可能自由地飞起。"

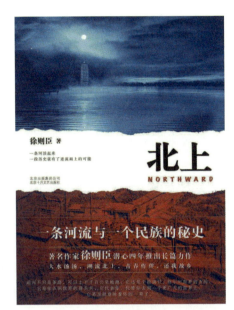

《北上》图书封面

光读书显然不行，他还利用出差、回乡的机会，一趟趟"南下"，将大运河重走了一遍。每到一个地方，只要有运河，他都会去看一看。站在河边，看看植被怎么样，芦苇是茂盛还是凋零，河道是宽还是窄，水是清还是浊……站在山东汶上南旺水利枢纽旁，尽管现在荒草萋萋，河道漫漶，当年"七分朝天子，三分下江南"的遗迹所存甚少，但徐则臣仍感慨万千，收获甚丰："在现场一站，只10分钟，比之前苦读10天的资料都管用，豁然开朗。"

徐则臣在大运河南旺水利枢纽
（本人供图）

以大运河的方式打开古老的中国

完成《北上》的过程，让徐则臣对大运河以及相关历史和现实课题有了更深的思考和认识：大运河不仅仅是一条流动的水，它跟中国的政治、经济、文化，跟中国人的文化人格和性格塑造都有极大的关系。

对于中国人来说，一提到母亲河，首先想到的肯定是黄河、长江这样的天然大河。而在徐则臣看来，中国大运河虽然是一条人工河，但对中华民族的意义也非常重大。"它是中华民族进入'成年期'之后才出现的事物。如果我们仔细考察它发挥的各种功能，将大运河称为我们的母亲河，也是毫不为过的。"徐则臣说。

自公元前486年吴王夫差开凿邗沟始，经历代王朝不断的疏浚与整修，至清代末年的漕粮改折为终点，大运河在中国大地上驰骋奔流了2500年之久。有别于黄河、长江自西向东的流向，大运河连接了中国版图南北，加强了南北方之间的交流。两千余年来，大运河以其沟通南北、漕运货运的强大功用，孕育了沿岸各城市文化。除了发挥走兵运粮的漕运功能之外，大运河在整个中国内部政治经济文化的交流、融合过程中，也发挥了不可估量的影响力。大运河盘活了整个中国南北大动脉。它还是一条融汇文化乃至催生新的文化与文明的要道。徐则臣发现，"如果深究下去，中国人的思维方式和内陆文化的形成，都可以在这条浩荡的大河中找到一些重要因素"。

学习历史是为了更好地走向未来。大运河从2500年前走来，如今依然在时间的长河里奔腾。大运河再次实现全线水流贯通，徐则臣也再次陷入思考："当下的我们，需要重新认识这条河：今天让它通航的意义是什么？为何说它重要？我们如何认识这条河？它跟我们中国人的关系、跟中华民族的关系到底是什么……从源头上去理解它，就会知道它有多重要。我常说'唤醒'大运河，其实更重要的是一种文化意义上的唤醒。它不仅仅流淌在中国的大地上，也不仅仅流淌在教科书里，它还流淌在我们的血液里。"

"大运河不仅是中国的，更是世界的"

在《北上》中，清朝末年，意大利人小波罗沿大运河一路北上到了北京，见证了运河两岸从义和团到日军侵华半个世纪的历史。同时也写到小波罗的后代以及当代的运河生活，古老与新生交织一起。书中人物谢平遥和小波罗看到，运河里面的水把两边的事物倒映在运河里。文学评论家认为，这是一个镜像，这个镜像是隐喻性的，不仅仅是倒映两边的风景，更是说运河是中国整个近代史、现代史的镜像，所以沿着运河北上就是在溯源中国的近代史和现代史。

小说中有一段写道："繁华的无锡生活在他眼前次第展开，房屋、河流、道路、野地和远处的山，炊烟从家家户户细碎的瓦片缝里飘摇而出，孩子的哭叫、大人的呵斥与分不清确切方向的几声狗叫，有人走在路上，有船行在水里。再远处，道路与河流纵横交错，规划出一片苍茫的大地。大地在扩展，世界在生长，他就这感觉。他甚至觉得这个世界正在以无锡城为中心向四周蔓延。以无锡城的这个城门为中心，以城门前的这个吊篮为中心，以盘腿坐在吊篮里的这个意大利人为中心，世界正轰轰烈烈地以他为中心向外扩展和蔓延。"

2014年6月22日，中国大运河成功入选世界文化遗产名录，成为中国第46个世界文化遗产项目。世界遗产委员会在点评大运河时，特别提到大运河对人类文明的贡献，认为其"展示了人类在直接起源于中国古代的巨大农业帝国中的技术能力和对水文地理学的掌握"。

2023年5月底，根据小说《北上》改编的同名长篇电视剧在江苏常熟古里正式开拍。插上影视的翅膀，我们相信，徐则臣在《北上》里讲述的大运河故事，将传播得更远。在本次采访的最后，徐则臣特别提到："大运河不仅是中国的，也是世界的。运河的生生不息必将让它流向世界，因此运河的故事背景不能只局限在国内，还应该放眼世界，将运河上升到世界的高度，放置在世界的眼光之下，赋予它深刻的文化含义。"

除了探究、写作大运河，徐则臣的视线还沿着大运河走向长江，走向更远的世界。从2022年开始，徐则臣关注起所有与长江有关的信息，为自己下一步的文学创作做准备。对于未来，他充满期待："由运河而及长江，从一条大河到一条更大的河，会是一次通往历史深处和高远源头的探秘与跋涉吗？河流负责把一个乡村少年带到遥远的世界去。在河流中，为我扩展世界的是树叶和纸船，它们漂得有多远，我想象的世界就有多遥远和辽阔。"

（封面新闻记者　张杰　张峥　边雪）

一段江河交汇的"流量渡口"
成就千年瓜洲的诗意书写

诗渡瓜洲

　　一千多年前，唐代诗人张祜漫游江南，夜宿镇江渡口，遥望瓜洲，写下凄美浪漫的诗句——"潮落夜江斜月里，两三星火是瓜洲"。瓜洲，一个江河交汇的渡口，长久地活在中国的诗词当中。它吞吐过漫长岁月里的汤汤流水，目送过运河上帆樯如织、千帆竞发的身影，也历数过无数诗人内心的细微悸动。

　　古往今来，大运河就像一条文化走廊，南来北往的过客，不仅在瓜洲留下了足迹，还给瓜洲留下了脍炙人口的诗行。无数文人墨客、帝王将相，在途经瓜洲这个运河重镇时，俯仰天地，写下了传颂至今的诗句，无形中合力完成了千年古渡的诗意书写。其中不乏李白、白居易、王安石、张若虚、刘禹锡、苏东坡、陆游、杨万里这样的"一线大诗人"，瓜洲古渡也因此享有"千年诗渡"的美名。

　　一千多年以后，我们从天府之国来到江南水乡，前往扬州，目睹瓜洲的现代容颜。2023年夏，封面新闻记者在扬州大学中国大运河研究院研究员潘宝明教授的引导下，来到中国大运河世界遗产点之一——瓜洲运河岸边。眼前一湾碧水波澜不惊，一派静谧。如今的瓜洲运河入江口区域，已建成一个大型公园——瓜洲古渡公园。

　　园内树林葱郁，历史遗迹分布其间。明代冯梦龙在小说《警世通

瓜洲运河入江口（黄杰供图，龚万选摄）

言》中书写的"杜十娘怒沉百宝箱"的故事，其情节就设定在京杭大运河与长江的交汇处，也就是瓜州古渡口所在地。如今，瓜州的公园里还有杜十娘的雕像。

岁月轮转，沧海桑田。由于大运河运输入江口的调整，如今瓜洲运河的交通功能已被20世纪修建的扬州京杭运河所替代，这段古运河、古渡口已经转型——以文化遗产的方式发挥其历史人文景观的游览功能。

2014年6月，随着中国大运河申遗成功，从三汊河至瓜洲古渡入江的伊娄运河（也叫瓜洲运河），也由此成为世界文化遗产中国大运河遗产点的一部分。目前，国家正重点推进五大国家文化公园中的长江国家文化公园、大运河国家文化公园的建设，而瓜洲无疑是不可或缺的组成部分。

新的时代，新的旅程。瓜洲也正掀开新的篇章。据扬州大学中国大运河研究院执行院长黄杰介绍，今天的瓜洲，拥有整个长江中下游保存最完好的滨江生态湿地，正在布局千年古渡数字文化体验馆，规划"鉴真东渡·东亚文化之都"展示馆，以现代科技手段和展陈方式再现"江

瓜洲运河（黄杰供图，龚万选摄）

楼阅武""漕舰乘风"等胜景，开放式展现千年古渡江运交汇的深厚历史文化底蕴。

黄杰在扬州古运河边（张杰摄）

中国古代两条"高速公路"的黄金十字路口

提到瓜洲，人们最熟悉的莫过于北宋宰相、大诗人王安石笔下的"思乡曲"——《泊船瓜洲》："京口瓜洲一水间，钟山只隔数重山。春风又绿江南岸，明月何时照我还？"这不光为华夏诗歌史留下一首经典诗作，还在中国人文地理学上留下一个佐证：北宋年间，瓜洲与京口来往非常便利，相隔只有"一水间"。

瓜洲古渡位于长江北岸，南距扬州15千米，与镇江市隔江相望。据资料显示，瓜洲原为长江中泥沙堆积的瓜状形沙碛，最早形成是在汉代。晋朝时成为四面环水的沙洲，渐渐形成渔村、城镇。由于泥沙沉积日益严重，到唐代中期时，瓜洲已经与长江北岸的扬子津相连，成为一个渡口。开元二十六年（738年）冬，润州刺史齐浣主持开凿了贯通瓜洲的伊娄运河，使江南漕船渡江的距离从30千米缩短到10千米，大运河入江口也因此再次向南推移至瓜洲渡口，瓜洲与仪征成为运河的两大通江口岸。

瓜洲古渡渡口标识（张杰摄）

伊娄运河的开通大大缩短了江南漕船过江的距离，也方便船只在瓜洲休整补给，瓜洲从此进入空前繁盛时期。瓜洲成为沟通长江南北的重要渡口，乃至历代漕运（南方粮食北运京城）与盐运（海盐西运内陆）的要冲、关节之地。

作为京杭大运河与长江这两条中国古代水上"高速公路"的黄金十字路口，每年过往船只数量高达上百万艘，所经过的各地商旅更是不计其数。《嘉庆瓜洲志》中形容瓜洲"瞰京口，接建康，际沧海，襟大江，实七省咽喉，全扬保障也。且每岁漕艘数百万，浮江而至，百川贸易迁徙之人，往还络绎，必停泊于是"。瓜洲迅速发展为江边巨镇。

诗渡瓜洲（张杰摄）

　　瓜洲重要的地理位置，也使其成为"江防要塞"，其政治、经济、军事地位在全国范围内举足轻重，历来是兵家必争之地。金兵南下、太平天国都曾在此摆开过战场。鸦片战争时，英军炮舰入侵长江，扬州与镇江两岸军民联手还击，保卫瓜洲这一交通枢纽，为抵抗外来侵略和反抗民族压迫谱写过壮丽篇章。

瓜洲，一个书写在大地上的诗歌本

　　齐浣主持开挖伊娄河，成为历史上的一桩佳话，被大诗人李白以诗的方式歌颂。在《题瓜洲新河饯族叔舍人贲》中，他用"齐公凿新河，万古流不绝。丰功利生人，天地同朽灭""吴关倚此固，天险自兹设"的诗句，热情赞颂了齐浣开凿伊娄运河的壮举。

　　如果说李白的诗里有盛唐的豪情和气象，那么中唐诗人白居易对瓜洲的感觉则是另外一番滋味，这在他的《长相思》中可见一斑："汴水流，泗水流，流到瓜洲古渡头。吴山点点愁。思悠悠，恨悠悠，恨到归时方始休。月明人倚楼。"

说到唐诗，怎能不提"诗中之诗""孤篇压全唐"的《春江花月夜》。"春江潮水连海平，海上明月共潮生。滟滟随波千万里，何处春江无月明……"据扬州大学潘宝明教授介绍，张若虚是扬州人，而且他在这首诗中描绘的就是以瓜洲为中心的长江景观。

在瓜洲古渡公园里，运河之侧的一块大石头上，刻有苏东坡的诗《往年宿瓜步梦中得小诗录示民师》："吴塞蒹葭空碧海，隋宫杨柳只金堤。春风自恨无情水，吹得东流竟日西。"

苏东坡一生漂泊江湖，多次在运河上行舟，很多佳作都是在运河上完成的。苏东坡晚年也在扬州做过一任知州，扬州人喜欢把苏东坡路过扬州的次数，作为他在运河上旅行的次数。一代文豪苏东坡，其实也是一位"运河人"，他的一生与大运河结下了不解的情缘。据学者考证，苏东坡曾经19次路过大运河。他还在大运河沿岸的杭州、扬州、徐州当过"市长"（知州）。他在湖州任职期间，被抓捕回京，走的便是江南运河—汴河的路线回到开封，去迎接他当时糟糕的命运一击。

瓜洲古渡公园（张杰摄）

瓜洲古渡公园（张杰摄）

他当时想到了什么？他应该会想起多年前，自己与父亲苏洵、弟弟苏辙一起，从眉山沿着古蜀道前往汴京，寻求人生志业和使命完成之道。当父亲苏洵去世后，他和弟弟送父归葬，先沿大运河向东南到长江，再从长江溯江而上。他当时的心情，大运河曾经见证过。唯有水和诗保存了苏轼那颗秘密的心。那里面有痛苦，也一定有不灭的光。

历史上的瓜洲肯定不只有岁月静好。南宋时期，地处交通要道的瓜洲一带，遭到的战争破坏十分严重。明末清初将领郑成功与清军战斗时也经由瓜洲反攻，他写的檄文性质的《出师讨满夷自瓜洲至金陵》，表达了必胜的决心："缟素临江誓灭胡，雄师十万气吞吴。试看天堑投鞭渡，不信中原不姓朱。"诗人陆游在《书愤》一诗中有"楼船夜雪瓜洲渡，铁马秋风大散关。塞上长城空自许，镜中衰鬓已先斑"的诗句，表达了诗人收复故土而不得的忧愤心情。

站在古渡旁，四下寂静，古运河的水静静流淌着，仿佛诉说着它非凡的往昔。地理意义上的长河和时间意义上的长河，都是寂静的。大运河用它明净的水面见证了一切，又容纳了一切。俱往矣，快乐或者悲愤，都已经随着历史远去。唯有瓜洲，伫立在千古流芳的诗歌里。

（封面新闻记者 张杰 张峥 边雪）

"接地气"的扬州八怪，怪在何处?

　　走进扬州瘦西湖深处，过二十四桥向北，有一处遍植梅树的清幽所在——这是为了纪念"扬州八怪"之一金农而建的静香书屋。门洞上古朴厚重的"静香书屋"四个字为金农独创的字体。作为"扬州八怪"之首，金农博学多才，诗、文、书、画无所不精，尤擅画梅。

　　"'扬州八怪'被称作一个画派，是因为他们的趣味相近，画风相似。'八怪'这一名称出现于他们身后，源于他们书画的创新精神，或者说源于在当时被视为异端的个性。综合各种记载，现在通常认为'扬州八怪'一共有十五人。" 扬州博物馆副馆长、《扬州博物馆藏扬州八怪书画集》主编高荣告诉封面新闻记者。

　　"八怪"怪在何处?他们大多经历坎坷，心中有着不平之气;他们大多自成一派，不走寻常路;他们大多以卖画为生，

静香书屋（张峥摄）

他们画瓜果蔬菜，画鬼怪人物，画市井百态，是运河兴盛后造就的一批"接地气"的画家。

天下名士，半在维扬

扬州位于运河与长江交汇处，是南北交通的枢纽，凭借着优越的地理位置，成为漕运和盐运的枢纽，成为东南地区一大商业都市，也成为文化艺术的中心，文化艺术得以兴盛和自由发展。扬州因而吸引了全国各地的许多名士，当时有"天下名士，半在维扬"之说。

历史上最著名的文人诗歌会，除了王羲之的兰亭集会，就是清代扬州的红桥修禊。"昼了公事，夜接词人"，清代著名诗人王渔洋在扬州任推官期间开瘦西湖畔文人集会之风。后来，两淮盐运使卢见曾（卢雅雨）主持红桥修禊，最为鼎盛时期，各地依韵相和者竟有七千人，最后编辑出版的诗集达三百余卷。卢雅雨主持的诗人集会，"八怪"中的郑板桥、金农、罗聘等都曾参与。为此，郑板桥曾写下"日日红桥斗酒卮，家家桃李艳芳姿。诗人千古风骚在，写出幽怀几砚间"这样的诗句。

除了文坛集会，盐商的附庸风雅也成为扬州的一个潮流。"扬州经济以盐业最为兴盛，盐商们极尽奢侈之余，也深感自家一身铜臭，见识低微，对四方名士来扬州者，多延揽接待，于是结交名士和附庸风雅成了当时扬州的一个潮流。"高荣说。所谓"堂前无字画，不是旧人家"，大厅里不挂名人字画，就说明是暴发户。中产之家乃至平民中稍富有者，亦求书画悬之室中，以示风雅。

对字画的大量需求，吸引和产生了大量的画家。"清代扬州作为一个高消费的商业城市，整个社会风尚追求新奇化、个性化、世俗化，而'扬州八怪'为人行事清高狂放、不合时俗，艺术创作领异标新、自立门户，在书画艺术上突破传统美学的规范，表现出深刻的思想和鲜明的个性，恰好契合了扬州市场的商业需求和市民的审美需求。"

性情"八怪"

说"八怪",其实不止八人;说"扬州",其实也不全是扬州人。高荣研究,在"扬州八怪"的十五人当中,属扬州府籍的本土画家只有高翔、郑燮、李鱓、罗聘和李方膺,其余各家均来自全国各地——福建的黄慎和华喦、安徽的汪士慎和李葂、浙江的金农、山东的高凤翰、江西的闵贞、南京的杨法。在"八怪"中,罗聘与金农是师生,金农与郑板桥是好友。"他们大都出身贫寒,生活上又历经坎坷,有的终生没有做官,一生布衣,只有郑燮、李鱓、李方膺、高凤翰经过科举从政,一度出任小官,却又先后被罢黜或辞官,最后都走上了以卖画为生的道路。"

《扬州博物馆藏扬州八怪书画集》收录了一幅极度生活化的画作——《八子观灯图》。作者是"八怪"里的闵贞。画中,八个孩子围在一起争观花灯,形象浑朴自然,天真烂漫,脸胖而圆,身短而粗,面部神态各不相同,眼神凝于一处,不仅传神,而且极富生活情趣。

闵贞《八子观灯图》

李鱓《芭蕉独鹅图》

"画不足而题足之，画无声而诗声之"，看"八怪"的作品，结合"诗书画印"来欣赏，能品读出不同的意味。李鱓的《芭蕉独鹅图》构图简洁，一只白鹅，数枝芭蕉，题有"为爱鹅群去学书，风神岂与右军殊。近来不买人间纸，种得芭蕉几万株"的诗句。诗中引用王羲之爱鹅和怀素以芭蕉叶代纸的典故，表现了作者对两位大书法家的敬慕之心，同时以二人作比，也可见李鱓自恃颇高。

据说曾经有位富商，托人请板桥作画，待板桥同意后竟送去整整一匹白绢，嘱其将绢画完，然后重金酬谢。待到取画之日，只见绢首画一小人，手牵一线游丝，飘飘悠悠贯穿整匹白绢，直到线至绢尾，才系了一只极小极小的风筝。富商哭笑不得，只得自认倒霉。

怪在何处？

在高荣看来，"扬州八怪"的"怪"，大约有两个方面：一是为人不合时俗，二是为艺不追时俗。

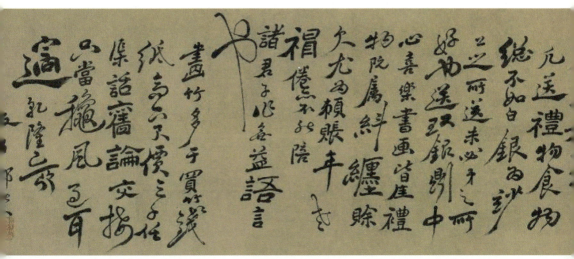

郑板桥《润格》

　　"扬州八怪"的为人，有蔑视权贵的一面，他们的画有时偏不肯卖给庸俗的商人，也不肯为大官下笔，情愿得罪人。他们还有着"玩世不恭"的一面。沿袭古代的传统观念，文人画家往往自命清高，以卖画为耻，而"扬州八怪"诸家都是以卖画为生的。以郑板桥为例，公然以鬻书卖画为生，绝不讳言价钱。郑板桥的书法作品《润格》对酬劳有明码标价："大幅六两，中幅四两，小幅二两，条幅对联一两，扇子斗方五钱。凡送礼物、食物，总不如白银为妙，公之所送未必弟之所好也。"这真是"君子爱财而取之有道"，凭自己的劳动赚钱，用不着遮遮掩掩。

　　"扬州八怪"喜欢从大自然中去发掘灵感，从生活中去寻找题材，下笔自成一家，不愿与人相同，他们的作品在当时是使人耳目一新的。正如郑板桥自己所说："下笔别自成一家，书画不愿常人夸。颓唐偃仰各有态，常人笑我板桥怪。"

　　"'八怪'不愿走别人已开创的道路，而是要另辟蹊径，自立门户，就是要不同于古人，不追随时俗，风格独创。"不论如何，"八怪"的画风都给中国绘画带来新的生机，影响了后来像赵之谦、吴昌硕、齐白石等艺术大师。也许，正是他们凭着敏锐洞察力和丰沛的同情心，或著于诗文，或寄情书画，或诉诸行事，对丑恶的事物和人，加以抨击，对美好的事物，加以抒写，才让运河流过的土地，散发出人性和自信的光辉，才让后人因为"怪"而记住了一串中国绘画史上分量不轻的名字……

（封面新闻记者　张杰　张峥　边雪）

考古学家杜正贤：运河上的宋瓷，是艺术与生活的完美结合

　　"古色生香，中华陶艺多神品；名山发覆，南宋人文一大观。" 800多年前，在南宋都城临安的一隅，南宋官窑用恒久的炉火，煅烧出了美如碧玉的青瓷珍品。精美绝伦的南宋官窑瓷器，源自土与火的完美结合，出自能工巧匠的精工细作。

　　在杭州西湖风景区南缘，钱塘江边的杭州南宋官窑博物馆里，数以万计的瓷片、窑具等文物，诉说着宋代对素雅、清宁、恬淡、悠闲的自然美学的追求与诠释。

　　"南宋官窑的发现，是一个偶然，但却是一个无比伟大的发现。" 馆内，盯着展柜上精美宋瓷说话的人，是杭州南宋官窑青瓷权威专家、著名考古学家杜正贤。

实物挖掘："还原历史本来的真实情况"

　　众所周知，中国是世界公认的陶瓷发源地，中国瓷器驰名海外。但中国陶瓷史上有两大疑案一直困扰着陶瓷研究者，即南宋修内司官窑和哥窑。1996年，一次偶然的机会，杜正贤在杂草丛生的凤凰山东麓山涧溪水旁，发现了疑似南宋官窑的瓷片。在杜正贤的组织、带领下，南宋官窑老虎洞窑址的考古发掘工作正式展开。

　　经过三次较大规模的考古调查和发掘，结合老虎洞窑址发掘的地理位置和实际情况，杜正贤首次提出老虎洞窑址南宋层，就是南宋朝廷在

都城临安建立的第一座官窑——修内司官窑，也称"内窑"。

南宋官窑博物馆里的文物

"南宋官窑的发现，令我们所有人都很激动。从前我们以为，南宋的官窑只有一个窑（郊坛下窑），没有'内窑'（修内司官窑）。但随着老虎洞窑址的发掘，我们不仅证实了南宋官窑有两个，还发掘出了二十四个瓷片坑。更重要的是，宋瓷的完整做法、生产工艺流程都被发现了。"

从1996年开始，我们一直发掘到2001年，在京杭大运河边上，这个仅有2000多平方米的老虎洞窑址，发现了让世界为之惊叹的艺术品。作为组织者和全程参与者，杜正贤理应享受荣誉与成就带来的快乐，但望着一件件出土的文物，他只是淡淡地说了句："我们干考古的，实际上就是恢复原有的历史，通过实物来还原历史本来的真实情况。"

趋近完美："每一件能出窑的瓷器都是精品"

除了老虎洞窑址发掘出土的文物，杭州南宋官窑博物馆还有大量郊坛下窑址出土的精品佳作。1985—1986年，南宋官窑郊坛下窑址的发掘，全面展示了南宋官窑的历史原貌，出土了数以万计的瓷片、窑具等文物。在1500多平方米的遗址展示馆，作坊场景和龙窑区域，还原了一部分悠远的南宋古都史实。

"在我们发掘的过程中，每一块瓷器的碎片，都是非常珍贵的。"杜正贤郑重说道，"这些碎片具有很重要的学术研究价值，如果在市场上流通的话，也有相当大的经济价值。"这些看起来比较完整的瓷器，是在挖掘之后，耗费了大量的时间和精力，小心翼翼拼接起来的。"目前我们所看到的存世的南宋官窑瓷器，都是精工细作，是经过层层筛选出来的'完美'艺术品！"

原来，南宋官窑的瓷器生产、管理都非常严格，"从取土开始到整个生产工艺流程的结束，基本上都是不计成本，只要生产出好的东西就行。所以，官窑的成品率非常低"。这也是24个瓷器坑的由来："南宋

南宋官窑博物馆的遗址展示馆（荀超摄）

官窑的瓷器烧制，不仅在技术上有非常高的要求，在成品后的选择、检验方面，也非常严格。而且，官窑是根据宫廷里的需求来烧制的，是皇宫里所独有的，是绝对不能够流传到民间的。所以那些烧坏的、没有达到要求的瓷器，都会被砸碎，埋在瓷器坑里。"

采访中，杜正贤还特意介绍了南宋官窑瓷器的特别之处。"与其他瓷器的胎厚釉薄不同，南宋官窑的瓷器以胎薄釉厚著称于世。首先，这些瓷器的原料用土不一样，是瓷土加含铁量高的紫金土，烧出来的瓷器是黑胎。其次，瓷器拉坯之后会晾干，通过素烧炉素烧增强硬度，再用刀片把胎刮薄，一次又一次地刮，刮到非常薄之后再施釉。多次施釉釉层变厚，厚釉能加强釉的乳浊性，使釉面形成滋润如玉的效果。"

为了追求特殊的视觉效果，官窑的匠人们还会在釉面开片，即有意识地在瓷器表面造成网状裂纹装饰。"在通常情况下，这是一种工艺的缺陷，而南宋官窑的工匠创造性地将之作为美化瓷器的手段，从而使产品流溢出一种古朴而奇特的审美意趣。"杜正贤感慨，"南宋官窑的造瓷技术，非常纯熟精湛，是我们无法想象的！"

南宋官窑博物馆里的文物

窥探历史："瓷器风格印证时代审美思想"

瓷器不仅承载着中国的文化，同样承载了中国式美学。"从瓷器的特点来说，南宋官窑瓷器的器型造型非常漂亮，而且南宋的审美观很独特，瓷器的釉色以粉青釉、天青釉为主，非常精美。"杜正贤介绍，南宋宫廷用瓷需要满足三个要求，"第一，是否适合祭祀使用；第二，看重成色；第三，是否符合生活使用。"他进一步解释："早期的时候，宫廷用瓷主要是满足祭祀所需，比如太庙祭祀时，就要用到这些瓷器，可见瓷器对于文化信仰有着非常重要的意义。这是当时的人们最为看重的，而后才是考虑其成色与实际生活的使用。"

在古瓷中，因釉面开片的不同状态，有鱼子纹、蟹爪纹、冰裂纹、百圾碎等妙称。但是，南宋官窑出土的瓷器，却少有过于华丽花哨的纹路图案，给人一种淡雅的感觉。"每一位到南宋官窑博物馆来参观的游客都会发现，南宋官窑瓷器的造型、釉色、表面的花纹，都与其他朝代不一样。"在杜正贤看来，瓷器所展现的风格，印证了南宋的时代审美思想及心境，"相比起元明清时期的烦琐复杂，南宋的瓷器真的是非常独特的存在。"

淡妆浓抹总相宜，无论是其他朝代的华丽，还是南宋独有的素雅，都是一个时代文化与艺术的体现。然而，南宋瓷器的素雅美，给了杜正贤别样的体验。"反复观看这些瓷器，我感觉自己慢慢沉下去了，它们能让我的心静下来。"这种清新淡雅、与世无争之感，正是不少人急需的状态。"现在社会发展速度很快，在激烈的竞争中，南宋瓷器可以让人静静地想一想，在喧嚣嘈杂的现实生活中，如何找到属于自己的宁静和节奏。"

与运河共繁荣："瓷器的发展史也是运河的发展史"

"八百多年的青风雅韵，留传至今……南宋官窑青瓷以其端庄大方的造型、精美内蕴的釉色、匠心独运的开片、细致纯熟的工艺，树立起一座青瓷丰碑。它是中国古代陶瓷发展之路的一段经典。"这是博物馆内南宋官窑的介绍语，而南宋瓷器的发展，离不开大运河。

在杜正贤看来，瓷器的发展史，也是运河的发展史。"虽然说，南宋官窑具有得天独厚的地理优势以及物质条件，使得它能够不过度地依赖大运河来进行材料与成品的运输，但是，大运河对于当地的经济文化的发展，起到了非常重要的推动作用，这也恰好从侧面为南宋官窑的发展兴盛提供了条件。"

京杭大运河的开通，对江南地区，特别是对杭州的发展，起了极大的促进作用。杜正贤表示："杭州在隋朝以前，名气并不是很大，杭州这个地名也是到了隋朝才有的。大运河开通以后，杭州的地位不断提高，到了唐末，就是东南第一州，经济非常发达。如果没有大运河，杭州的经济不会这么发达，杭州的政治地位估计也不会上升得这么快。南宋定都杭州后，杭州的地位进一步提升，从政治、经济到社会、文化、科技等，都非常值得憧憬。"

正是大运河对杭州的发展起到了重要作用，为南宋官窑带来了财力、物力、人力，才促进了绝美瓷器的生产。"为什么南宋官窑的遗址能够留存到现在？其实这离不开当时的维护与管理。当时，政府以不计成本的方式提升瓷器的生产门槛，这些窑工不仅具有精湛高超的技艺，还能在官窑里面任职。对于他们而言，这是一种荣誉的象征，这种职位赋予的责任与义务，以及他们为之形成的工匠精神，也是南宋的瓷器能够达到一个前所未有的顶峰的重要原因。"杜正贤说。

（封面新闻记者　苟超　谭羽清）

开天河

传　承

引言

　　若想从历史的时光里读懂中国，舳舻千里、物阜民丰的中国大运河在两千多年间发展的脉络，是极其重要的篇章。

　　"天下转漕，仰此一渠。"公元前486年，吴王夫差开凿了从扬州到淮安的邗沟，拉开了大运河开凿的序幕，从此，也孕育了大运河沿岸的蓬勃生机。

　　大运河如同一条时间的纽带，将历史与现代连接，将北方的雄浑与南方的温婉交织。时至今日，作为中国唯一一条从南向北逐一逆势"贯穿"的河流，大运河在中国南北经济文化交流中仍发挥着重要作用。

　　日夜转瞬，关于大运河的故事被世代传颂，而故事的迷人之处，就在于故事仍在继续。

运河的智慧和力量

　　从隋唐时期的大规模扩建，到宋元明清各朝的维护与发展，大运河一直是中国经济和文化的重要动脉。它不仅促进了南北物资的交流，更是各地文化交融的舞台，让不同地域的风俗习惯、艺术形式得以传播和融合。

　　农历三月，柳初芽、杏初花的扬州，春色氤氲。

　　在这座运河穿过的江南水乡，美食、扬琴、迄今为止有1300多年历史的扬州雕版印刷、声腔并艳唱古今的戏曲，在千年流淌的浪潮中，传世至今。

北上至四女寺枢纽，这是京杭大运河南运河的起点，同时也是大运河全线贯通补水中三个水源的聚集地。

2022年4月28日上午10点，四女寺枢纽南运河节制闸正式开启，长江和黄河在这里握手，从南水北调东线北延工程引过来的长江水，与4月中旬通过潘庄闸引过来的黄河水汇聚到一起，奔向了南运河，开启了百年来大运河的首次全线通水。

在大运河申遗过程中，考古工作对其的价值阐释发挥了关键作用；在大运河"后申遗时代"，考古工作亦将对运河文化遗产的解读和大运河文化带的建设发挥举足轻重的作用。

沿河向上，许多古迹依然屹立，它们讲述着过去的故事，而桥，则成为两岸人民的主要链接。

中国古代，桥对于运河边生息繁衍的百姓而言是不可缺少的，是至关重要的。它们是交通的重要一环，形成了水、陆，甚至是'空'的多种交通运输途径，为文化经济的发展传播，提供了重要的路径。

"联合国教科文组织世界遗产委员会对中国大运河的评价：中国大运河是世界工业革命以前最伟大的水利工程。但我认为还少了两个关键字——交通。应该说，大运河是世界工业革命以前最伟大的水利交通工程。""古桥探索者"罗关洲说。

越国戈船、楼船、双枝檐船、明瓦船、红头樟船……在罗关洲展览馆的展板上不仅有古桥，还有对这些古船的详细注释与配图说明。不同时代的船只罗列在一起，见证的不仅仅是工匠技艺的传承变化，更是时代的发展、历史的变迁、文明的延续。这不仅是历史的见证，更是活生生的教材，让我们得以窥见古人的生活方式和审美情趣。

大运河的文脉悠悠

文化具有强大的建构力量，是联结主观世界与客观世界的桥梁纽带，通过化人与化物的交互过程来引领改革、赋能发展。

自2014年中国大运河申遗成功成为世界文化遗产，到今天的大运河文化带建设成为国家战略，中国文化遗产保护理念，在流动的大运河文化传承中发生了重大变化与转折：中国文化遗产保护走向了多维、多元、点线面集成的道路。这不仅体现了中国文化遗产保护的水平，还在点滴间，完善了中国文化遗产保护与利用的体系，为世界文化遗产保护提供了"中国大运河范式"。

大运河遗存承载的文化、流淌伴生的文化、历史凝练的文化，蕴含着深厚的思想精华和民族精神，在3200多千米的绵延流淌中，形成了中华优秀传统文化的壮美长廊和中华文明生命轨迹的重要脉络。

大运河的历史记忆并非只存在于这些静态的文物中。作为沟通中华文明的古今脉络，大运河沿线遍布数量庞大的物质与非物质文化遗产，是延续千年的活态文脉，是推动中华优秀传统文化创造性转化、创新性发展的深厚宝藏。

随着时代的发展，大运河也在不断地被赋予新的生命。今天的大运河，已经成为一个集历史、文化、旅游、经济于一体的综合性发展带。沿线的城市利用自身的历史文化资源，打造了一系列的文化景点和旅游活动，如运河文化节、水上婚礼等，既展示了传统文化的魅力，又吸引了众多游客前来体验。

奔流运河上忙碌的船舶，见证着大运河的发展，它们所经之处，不仅伴随沿岸旖旎风光的百转千回，留下丰富的文化遗产和民风民俗，还在历史上重构了国土空间格局，成为国家发展引擎，在现实中有机联结了"一带一路"建设、京津冀协同发展、长江经济带发展，在传承灿烂悠久的中华文明的同时，续写着中华民族伟大复兴的辉煌篇章。

两千多年的沧桑巨变，中国大运河见证了无数的兴衰更替，承载了无数人的梦想与希望。如今，站在这条古老的运河边，我们依旧能看到中华民族随河水流淌的文化血脉，听到传承和历史激荡的涛声，感受古老文明的强劲脉搏。

南旺枢纽为何被称为"北方都江堰"?

"七分归天子，三分下江南。"位于在山东济宁汶上县的南旺枢纽，是大运河上的"关键工程"，由于地势很高，也被称为大运河的"水脊"，再加上几十千米外的戴村坝水利工程，合起来成为一套完整的治水体系，也被人们称为北方的"都江堰"。

"汶水滔滔来大东，自然水脊脉潜洪。横川僻注势非迁，济运分流惠无穷。"乾隆皇帝六下江南，六次驻跸南旺，他所作的《题分水龙王庙》更是高度概括了汶水与南旺的地理关系。

为了保护工程遗址，南旺县在工程原址上建设了南旺枢纽考古遗址公园。2010年10月，该公园被批准为第一批国家考古遗址公园。

"老人"解决大运河水脊缺水问题

元代开凿的京杭运河，"水脊"在济宁，但由于黄河泥沙的不断堆积，济宁以北的南旺地面升高，成了大运河的最高点。

想要大运河继续流动，南旺必须有水。明永乐九年（1411年），工部尚书宋礼奔赴济宁，对汇通河进行疏浚，但效果不佳。河工"老人"白英献计："南旺者，南北之水脊也，自左而南，距济宁九十里，合沂、泗以济；自右而北，距临清三百余里，无他水，独赖汶水。筑堰城及戴村坝，遏汶水使西，尽出南旺，分流三分往南，接济徐、吕；七分往北，以达临清。南北置闸三十八处。"

"老人"实际上并不老，只是对河工工头的一种称呼，属于治理河

道最最基层的一个小员工。而宋礼，作为工部尚书，礼贤下士，采纳了白英的建议。为达到引汶入运于南旺分水补源的目的，他们在小汶河入运的"T"字形水口对岸砌石护堤，并建造鱼嘴，使得流水七分向北流，三分向南流，解决了大运河水脊处水源的问题。

明永乐十三年（1415年），京杭大运河全线贯通，南北方的物资得到了极大的交流，使得北方出现了临清、聊城等因水而兴的城市，而这也为明代政权迁都提供了条件。

科技造就北方都江堰

南旺分水枢纽是整个大运河上最具科技含量的工程之一，其科学性和技巧性可与中国古代的灵渠和都江堰水利工程相媲美。康熙皇帝曾褒奖说："朕屡次南巡经过汶上县分水口，观遏分流处，深服白英相度全之妙。"

南旺枢纽遗址区（图片由汶上县委宣传部提供）

南旺枢纽遗址区（图片由汶上县委宣传部提供）

南旺枢纽遗址区（图片由汶上县委宣传部提供）

　　白英老人对于当地水文调节的理解，成就了南旺枢纽，也证明了古代中国人对于当地地形地貌的认知。而在南旺枢纽的博物馆里，则展出了一块实木的隔板。据汶上县文物保护中心刘健康副研究馆员介绍，在大运河上有很多水闸，每次行船都需要拉动闸板，如果将闸板做成整块

的，很有可能因为过于沉重而无法拉动，但如果将这些闸板做成20根排列在一起，在每次放闸时只拉动2～3根闸板，能够最大限度地节约人力以及水资源。

作为一名在大运河边土生土长，并在当地工作了30多年的文物工作者，刘健康向我们回忆起了南旺枢纽在治理前的一些情况："二十世纪七八十年代，这里还有很多民居，整个环境比较杂乱。考古发掘之前，考古队员曾经运用遥感分析、雷达探测等空间信息技术，与地面访查相结合，对南旺段运河河道遗址进行了调查，最终发现了运河的河道。"

在整个遗址之内，不仅存在运河的古河道、堤岸，考古队员还针对分水龙王庙古建筑群、白公祠、潘公祠、白大王庙等遗址进行了发掘，清理出了"宋尚书祠堂记"、明万历十六年"圣旨碑"、"汶邑南旺镇分水龙王庙记"等20余块明清碑刻。

2011年，山东京杭大运河七级码头、土桥闸与南旺分水枢纽遗址获得了"考古十大新发现"的称号，2014年又作为大运河遗产点登上了世界遗产名录。

戴村坝如今仍能使用

距离南旺分水枢纽不到50千米，是戴村坝的所在地。作为南旺分水枢纽的配套工程，戴村坝的地势很高。南旺分水枢纽因海拔较高易缺水断流而影响运河航运。为解决水源问题，宋礼便从附近地势较高的戴村坝开挖了一条小汶河，引大汶河的水进行补给。由于引流距离短、落差高，小汶河被设计成多个"S"形的走向，用来减缓引流冲击力，也能起到沉降泥沙的作用。

同时，利用自然湖泊和洼地，分水口四周建起蜀山湖、马踏湖和南旺湖三个大"水柜"，汛期利用小汶河蓄水，旱季给大运河补水。此外，还通过分水口左右宽窄的差别控制分水比例，三分流向南，七分流向北，补给更缺水的北方。

戴村坝设计之巧妙、造型之美观，是我国水利史上的一大壮举，充分显示了我国古代的治水科学成就。民国初年，荷兰水利专家方维亦十分敬佩地说："此种工作，当十四世纪、十五世纪工程学胚胎时代，必视为绝大事业，彼古人之综其事、主其谋，而遂如许完善结果者，令我后人见之，焉得不敬而且崇也！"

后因黄河改道，清光绪二十七年（1901年）漕运中断，小汶河分水口截堵。戴村坝失去了济运功能，但仍具有拦沙缓洪、稳定河势、灌溉补源的作用，是防洪兴利的重要水利工程。如今，夏天丰水季时，站在戴村坝边还能听到河水奔腾时，山呼海啸的巨响。

为保护文化遗产，如今，已在大坝北侧建成了戴村坝博物馆。其建筑面积约2000平方米，展品超400件，向游客集中展示戴村坝的历史、价值、功能、作用以及京杭大运河的灿烂文化，是京杭大运河重要的水工文化博物馆。

（封面新闻记者　闫雯雯　吴德玉）

"古桥探索者"罗关洲：
让中国古桥走向世界

大运河上古桥的秘密

　　桥梁是一国文化的表征。我国文化悠久，自古以来建成的桥梁，不计其数，其中多有划时代的杰出结构对世界人类，作出了巨大贡献。

——茅以升

　　"古桥拥有独特的魅力，时时刻刻都在吸引着我去探索，去发现……"走在古桥展览馆里，罗关洲这样说道。

罗关洲在展览馆为记者讲解古桥结构（谭羽清摄）

提到桥，人们很容易想到"中国桥梁之父"茅以升，他对中国和世界的桥梁技术作出了伟大而杰出的贡献。在他的影响下，中国走出了一位又一位桥梁探索者，而眼前的罗关洲，便是其中之一：罗关洲作为茅以升基金会中国古桥研究和保护委员会副主任，致力于研究中国古代桥梁数十年，在他看来，自己是一位桥文化的探索者与研究者。

2005年12月，由"运河三老"郑孝燮、罗哲文、朱炳仁起草了一封公开信，拉开了大运河申遗的序幕。此后，共有35个城市加入了申遗的队列，大力发掘与运河相关的历史遗迹，为大运河的成功申遗提供有力的遗迹证据。

浙江绍兴作为最后加入的城市，其境内所保存的古桥群，与大运河息息相关，八字桥、光相桥、广宁桥、泗龙桥、太平桥……身为浙江人的罗关洲，在公开信发表后，当年便在绍兴举办了"中国大运河、中国古桥申报世界文化遗产研讨会"。

在全国古桥会议上，罗关洲见到罗哲文。"罗哲文先生告诉我，中国古桥应该是世界文化遗产，但是大运河申报世界文化遗产应该放在前面。"在茅以升基金会中国古桥研究委员会总顾问罗哲文先生的指导下，罗关洲用实际行动，去研究、探索、发掘中国古桥群的前世今生，成为古代桥梁文化技艺的守护人与传承人。

醉心于古桥的绝世技艺

走进罗关洲的展览馆，你可以在地上、展台上看到一座座木制的拱桥模型。他介绍，这些古桥模型，都是自己对现存古桥的复刻。他每天早上九点到展览馆，一直待到下午三点，除了设计和指导桥模制作，还要给来参观的人们讲解中国古桥的历史文化与技艺。

国家级非物质文化遗产石桥营造技艺展示馆的展板，都是罗关洲自己设计的，也是他的研究成果。"我在1989年发现了悬链线拱古桥、新昌迎仙桥和嵊县（今浙江嵊州市）玉成桥，并在杂志上发布了照片。

1990年初在《浙江交通科技》第一期发表的与黄湘柱合作的论文《中国古代优秀桥型的新发现》，是我用实测数据证明这一新发现的成果。"

展览馆可拆解的桥模均采用榫卯结构等传统技艺，还原古桥做法（谭羽清摄）

大运河上的宋代立交桥广宁桥（谭羽清摄）

多圆心曲线拱桥天台观音桥（图片由受访者提供）

罗关洲透露，自己在大运河全国申报世界文化遗产研讨会的论文中提出的有关大运河三座立交桥的发现，为之后大运河成功申报世界文化遗产加了分。

"我还曾发现广宁桥的倒置直角三角形定位石。这一部件的石质与全桥统一的石质不一样。它用特定的石料定制，在起拱时，用来确定拱板角度。这也说明这座桥拱圈石都是根据设计方案定制后，再上拱架进行安装的。安装时，倒置直角三角形的长直角边垂直于桥基石，七折边第一块拱板紧贴三角定位石安装定位。"诸如以上的发现，被以第一人称的叙述方式做成了展板，几乎挂满了罗关洲先生的整个展览馆，每每阅读，让人感觉到，这个发现仿佛近在我们眼前，就发生在我们的今天。

展板中的一段段文字、一张张照片，展示了罗关洲作为研究中国古桥技术学者的学术思路。"椭圆形拱是两个圆心。两个以上圆心曲线的桥拱，我将它们归到这一类。这个名词我没有想准确，这类古桥，又统称椭圆形拱桥，其实，这类桥拱是三维空间中的多圆心曲线。所以，这类古桥还要准确定名。古拱桥的收分和变幅技艺使桥拱不垂直于水面。"作为古桥研究者，罗关洲始终怀揣着一颗学徒的心，让学问在理性的思考与探讨当中得到进一步的深入与发展。

在采访中，罗关洲还回忆起曾经实地调研的经历："2008年那场大地震后，我在绍兴考察发现，一座古代拱桥受地震影响，由半圆拱变成了椭圆拱，即使这样，古代拱桥依然能够屹立不倒，这足以展现古代榫卯技术的科学性与耐用性。"

谈及自己多年研究耕耘的初衷，罗关洲回答道："茅以升先生说过，'中国古代存在着超越时代性质的桥梁科技'。我们要用现代的科技去挖掘我们祖国的桥梁科技，让它们能够发扬光大，并且运用到现代的桥梁建设当中。"

模型展示古桥下的松木桩，钱塘江大桥下也采用了类似技术（谭羽清摄）

罗关洲绘制的迎仙桥（图片由受访者提供）

桥文化，运河之上的璀璨明珠

"在绍兴有这样一句话：无桥不成村，无桥不成路，无桥不成市。"罗关洲告诉记者，流传至今的中国古桥有一万多座，而在绍兴就有700余座。"绍兴古桥横跨在大运河之上，将运河两岸的政治、经济、文化勾连在一起，若没有桥，绍兴地区的乡村、城镇，政治、经济和文化都不可能得到良好的发展。古桥所承载的，不仅仅是匠人的技艺与智慧，更是世代与桥相伴的人民的文化与生活。"

大运河上的古代立交桥——太平桥（谭羽清摄）

在展览馆的一角，罗关洲还专门摆放了一排立柜，柜子上的每个格子中，摆放的是与大运河、古桥相关行业的历史物件：纺织业、日用品制造业、茶业、食品加工业、盐业……各式各样的物件，将整个柜子塞得满满当当，它们不仅是历史的见证，更是文化的载体，用实物来生动诠释"桥梁是一国文化的表征"这一名言，展现文化深层的丰富内涵和历史沉淀。

"绍兴自古就是中华商品文化的繁荣地区。绍兴有商学之祖范蠡，是中华商品文化最早的发展地之一，还是中国古钱币最早的制造地之一，是最早形成商业网络的地区之一。"罗关洲认为，绍兴是古代百工门类全、特色百工较多的地区之一，"古时，绍兴发达的农业、林业、养殖业、社会性作坊等，使它成为我国古代百工文化最发达的地区之一，各类商品最丰富的地区之一。在唐宋以后，绍兴还逐步走向了封建社会商品经济时代，对中国古代商品经济发展作过重要贡献。绍兴的百工商品、钱币系统在中国古代商品文化中闪耀出特别的光芒。"

据悉，中国古代大宗产品向商品的转化，形成中国古代特定的商品市场，这是世界商品经济发展史上的特有现象，是中国古代社会经济文明的伟大创造，是中华文明延续的原因之一。这项文明的特点是经几千年的时代延续以古代大中城市为依托，以广大集市为基地，带动市场

大运河上由主桥和辅桥组成的八字桥（谭羽清摄）

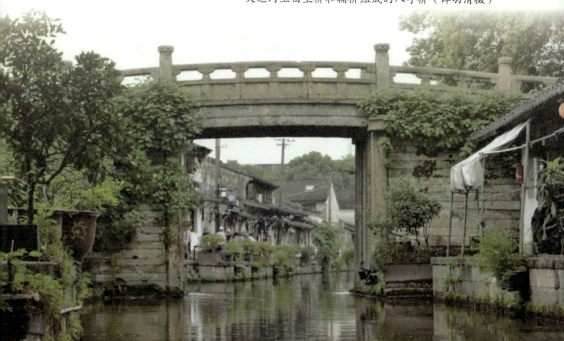

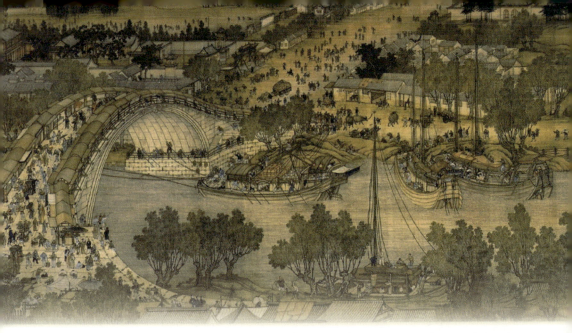

清明上河图上的立交桥（图片由被访者提供）

发展。中国古代商品经济的特殊形态是对古代社会经济发展的贡献。宋代名画《清明上河图》是解读大运河产业带、商品带、市场带的生动画卷，是绍兴古代百工汇集、百业成市的写照。

有桥必有水，有水必有船。如果说桥打通了运河两岸的文明，那船便是将运河的上下流域贯连了起来。中国的船文化与桥文化是共生的。

文献中载有"架舟为梁""桥，梁也"的说法。从这个意义上说，船是桥的特殊形式。从广义上说，大运河是沟通中国南北的桥梁。

在古桥展览馆，对于绍兴的古船文化，有着这样的介绍："中华古船文化、水运文化是中华文明的重要领域。战国时期，越国的三千楼船在东海北航至山东。三国时会稽战舰从会稽出发保卫中国领土的台湾。鉴真和尚东渡日本几次失败后，最后从越州出发东渡成功。绍兴古船文化融合了航海科技文化和商品文化、水运文化、民俗文化等文化内容。绍兴是古代世界上最古老的海港之一，是中国大运河在浙东的集散中心，古代浙东转运使司官府就设在绍兴。大运河连接海上丝绸之路，绍兴古船文化在大运河文化中具有特定地位。这些文化、技术交流的桥梁作用都是中华桥文化的广义内涵。"

越国戈船、楼船、双枝檐船、明瓦船、红头樟船……在罗关洲展览馆的展板上不仅有古桥，还有对这些古船的详细注释与配图说明。不同时代的船只罗列在一起，见证的不只是工匠技艺的传承变化，更是时代的发展、历史的变迁、文明的延续。

让古桥走出中国，迈向世界

"联合国教科文组织世界遗产委员会对中国大运河的评价：中国大运河是世界工业革命以前最伟大的水利工程。但我认为还少了两个关键字——交通。应该说，大运河是世界工业革命以前最伟大的水利交通工程。"罗关洲说，"它的交通功能，对中国古代的商品生产、商品经济、商品流动产生了深远影响，起到了重要的作用。在中国古代，桥对于运河边生养繁衍的百姓而言是不可缺少的，是至关重要的。它们是交通的重要一环。形成了水、陆，甚至是'空'的多种交通运输途径，为文化经济的发展传播，提供了重要的路径"。

罗关洲也表示，浙江绍兴的古桥拥有极高的地位与价值，除开有名的赵州桥类外，绍兴古桥可以说是"十大古桥群，九项称冠军"。"绍兴古桥数量多，品类多技艺高，而且保存完好。除了依赖极为先进的建桥技术，同时也离不开绍兴地区数千年以来人们对城镇的规划，以及对古桥的维护和管理。其中值得一提的是，在大运河申遗中，绍兴古桥起到了决定性的作用，因为联合国规定，只有70%以上属于原建的古建筑或者古代工程才能申遗。35个申遗城市中，绍兴作为最后一批加入申遗的城市，为大运河的申遗提供了最为有力的遗存证据。"

罗关洲希望："中国的古桥系列也应当申请世界文化遗产，因为全世界只有中国拥有如此完整且精湛的古桥系统。中国的古桥群，理应走上世界文化遗产的大舞台，让全世界都知道，这不仅是我们中华民族的宝贵遗产，也是整个人类历史发展当中所形成的伟大的智慧结晶。"

罗关洲还引用茅以升先生的观点："中国古桥是中国古代文化的表

征。中国古桥融合了中外古代的技术文化、道德文化、管理文化、艺术文化、美学文化、宗教文化的精华，形成了中国古桥文化。中国古桥营造技艺曾站在历史的前沿。现存古桥可以作为爱国主义教育基地，以中国古桥技术的先进性、延续性、公益性、融合性、系统性、创造性和荣誉性作为爱国主义教育的内容，激发人们的爱国主义热情，让绍兴领先于世界的古桥技艺激发人们对中华文明的自信和自豪，让古桥文物活起来。让绍兴古桥走向世界。"

罗关洲对中国古桥申遗信心满满："现存的中国古桥总数最多、技艺最高，中国古石桥营造技艺一定能成为世界遗产。"

（封面新闻记者　荀超　谭羽清）

四代传承，让"国宝"雕版技艺"活"起来

扬州博物馆副馆长宗苏琴谈雕版印刷：灯不灭，薪火相传

　　橘黄的灯光下，陈美琦的儿子正紧握一拃长的木柄拳刀，小心翼翼地在黄色的梨花版上练习刻字。"下刀的方向、用力都有讲究，基本功练好了，才能练宋体字。"

五一节假期朱旭回到妈妈工作室学习雕刻

陈美琦和父亲雕版印刷技艺国家级传承人陈义时（陈美琦供图）

　　陈美琦，扬州广陵古籍刻印社雕版印刷传习所所长。从20多岁开始，陈美琦跟着父亲、雕版印刷技艺国家级传承人陈义时学习雕版技艺。百年间，从祖父辈开始到陈美琦这辈，不论世事变迁，不论风雨飘摇，生活在运河边的陈家始终守护着雕版技艺——"我爷爷说，一定要让这门技艺传下去……"

　　如今，学环境设计专业的儿子，每逢假期，也会到妈妈的工作室，跟着师傅们学习刻版，陈家的雕版技艺又一次注入了年轻的血液。

陈美琦

四代传承

扬州雕版印刷迄今已有1300多年的历史，扬州也是国内罕有保存全套古老雕版印刷工艺的城市。

"我们家从曾祖父辈开始做官刻。到了爷爷这代有8个子女，雕版手艺传给了我父亲。我父亲有两个子女，传给了我，我从二十几岁开始传承这个技艺。"曹寅刊刻《全唐诗》后，很多优秀的刻工在扬州安了家。传到陈美琦曾祖父这代，"他就把扬州剩下的四五十个人集中起来，刻印'暖红室系列'的《桃花扇》《西厢记》之类的戏本。后来，雕版受到现代印刷业冲击，找我们刻书的人越来越少，曾祖父的压力很大，60岁就去世了"。于是，雕版技艺就传到了陈美琦的爷爷辈，"我爷爷带着家里面几十个人，到全国各地去帮人家刻书，帮人家补版"。到了20世纪50年代，广陵古籍刻印社成立，爷爷就到刻印社带徒弟，一直带到80岁去世。"我觉得他们蛮伟大的。在他去世的时候，他还叮嘱我父亲说，这个手艺你一定要传下去……"

扬州中国雕版印刷博物馆以10万余片珍贵古籍雕版版片作为主体馆藏（张峥摄）

千年墨香

扬州雕版印刷肇始于唐，发展于宋、元、明，兴盛于清。在各个历史时期，都有着无数像陈义时这样技艺高超的雕版印刷传人，用一把拳刀，传递墨香。2006年5月20日，雕版印刷技艺经国务院批准列入第一批国家级非物质文化遗产名录。2009年9月30日，中国雕版印刷技艺正式入选《人类非物质文化遗产代表作名录》。

存放在扬州中国雕版印刷博物馆恒温恒湿版库的版片

走进扬州中国雕版印刷博物馆，巨大的反写的"雕"字鲜明夺目，揭示了雕版印刷的本质：从反到正，从一到多。副馆长宗苏琴告诉我们，馆藏的版片来自各个时期，因为是一块一块的木质版片，属于敏感性材质，为了保护好这些文物，得把它们保存于恒温恒湿的版库之中，并安排专业人员定期熏蒸，以便防霉防蛀。同时以仓储式陈列方式展示出来，让更多地观众可以直观感受古籍版片浩如烟海的磅礴气势，和古人读书求学的艰辛不易。

雕版印刷技艺的重要工序：雕刻

　　"雕版印刷的作品可以流传千年。"在扬州广陵古籍刻印社，我们看到了竖着码在木架上，如小开书本大小、被松烟墨"浸染"过的版片，于沧桑中隐隐透出些许墨香……

　　陈美琦告诉我们，为了便于雕刻和存放，用来制作雕版的木材，一般取自野梨木，而用于印刷的松烟墨则更有来历："它取自江西景德镇瓷窑的松烟灰，研细去除杂物，加入面粉放到锅里蒸，蒸的时候还要放牛骨胶、醋、烧酒，然后放到窖中密封发酵，放得越久越醇香……"

　　整个雕版技艺有20多道工序，从备料、写样、上版、雕刻，到刷印、装帧等。放眼全国，扬州是保存这项技艺最完整的地方。

雕版印刷技艺之折页

"读得起"的小说

电影《长安三万里》中，大醉的李白叫黄鹤楼的店小二速速准备诗版，他要写诗。诗版，是让诗歌得以流传的载体。在唐代，还出现了一种让文字在民间流传的工具——雕版印刷。唐穆宗长庆四年（824年），诗人元稹为好友白居易诗集作序，就曾谈到白居易的诗作在扬、越间通过"模勒"广泛流传于世。近代学者王国维也指出，利用"模勒"作书售卖，采用的就是雕版印刷技艺。

到了明清时期，扬州、常州、湖州成了运河沿岸的三大州府，雄厚的经济实力与坚实的文化基础为刻书业的发展注入了活力与创造力。

宗苏琴介绍，明代万历年间，是通俗小说出版的繁盛时期，这与雕版印刷业的发展密不可分。这一时期，雕版印刷字体发生了很大变革。明代之前，书体多以欧、颜、柳、赵四家为主，注重书法韵味，因此写工多为"善书之士"。嘉靖之后，为便于雕刻，书体渐渐变为横轻竖重的字体，被称为"匠体字"。

"对于出版者而言，这种字体虽然少了书法韵味，但起承转合间不带弧度，字形有一定的几何学规则，好写也好刻，能提高效率，降低成本，让更多读者'读得起'小说；同时对于读者而言，'匠体字'清晰易读，降低了对读者文化水平的要求，让更多人'读得懂'小说。"这两点，在很大程度上推动了雕版印刷业的商业化发展，对通俗小说的繁荣起到了很大的推动作用。

"我们馆藏的戏曲汇刻丛书'暖红室汇刻传剧'包含了五十五种戏剧，也反映出明清时期雕版印刷业的发达。"

"刻的书甚好"

清代是扬州雕版印刷发展的极盛时期。官刻、坊刻、家刻林立，刻工遍布全国，刻书业空前繁荣，扬州因此跃居中国刻书名区之列。

在扬州中国雕版印刷博物馆内，收藏着清代官刻精品《全唐诗》的初版书籍，全套共120册，12函，49403首诗。工楷写刻，字体秀润，墨色均匀，以薄而韧的开化纸印刷，精美绝伦。而在当时扬州天宁寺主持刊刻《全唐诗》的人，正是曹雪芹的爷爷曹寅。

"当时，扬州的刻工最好，但是要刻这么一部书，只有扬州的刻工还不够，于是曹寅就在全国召集了手艺最好的刻工。这一刻就是很多年，很多人就在扬州落地生了根，这也是扬州为什么成为雕版印刷中心的原因。"陈美琦说。

书刻成后，"段子手"皇帝康熙曾御批："刻的书甚好！"

让雕版活起来

馄饨，是把几种不同的点心混合在一起的南京小吃。馄版，顾名思义，就是彩色套版印刷。它把不同的颜色分块雕刻，然后再严丝合缝地拼接起来，这是雕版中的高超技艺。陈美琦和父亲陈义时曾经花了16年时间，用了2000多块版子雕刻了一套限量版馄版书《绿杨

雕版春江花月夜

馄版版片

笺谱》。

2023年，由袁明华创作的《植物先生Ⅱ：二十四节气时食研学课》由四川人民出版社出版。这部号称"最美的书"，在设计之初便找到了陈义时团队，用饾版印刷技术印制了书中的24种植物图案。

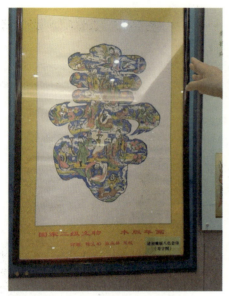
彩色套印饾版

陈义时团队用饾版技术制作的
《植物先生Ⅱ》插画

从初中开始，陈美琦的儿子朱旭便开始学习雕版刻印。"小时候在这个环境里看得多了也会有感情。就想自己去画图，自己雕刻。"在妈妈的工作室，埋首雕刻的朱旭告诉我们。

"现在他知道自己有责任来传承。"儿子让陈美琦改变了不少看法，"按照我们传统的思维，雕版就是要做线装书，可是动辄几千元的线装书，不仅制作周期长，还不能满足普通老百姓的需求。"老百姓不接受，古老的技艺又怎么能活起来呢？于是，朱旭提出做既有艺术价值又让老百姓喜欢的单品，"只有让老百姓了解了他才会买"。如今，陈美琦工作室里新添了文创台灯、挂件、扇子、摆台……这些创意，吸取了来自年轻人的想法。

朱旭的作品

　　宗苏琴告诉我们，为了让孩子们能够了解雕版印刷技艺，扬州中国雕版印刷博物馆还开发了校本课程，走进小学、中学、大学，给年轻人解读雕版印刷起源、发展和工艺流程……

　　这一切努力，都是为了让中国雕版印刷这门有着上千年历史的手工技艺，再度活起来、火起来……

（封面新闻记者　张峥　张杰　边雪）

"越"音动人，乘运河之水流向远方

"上林三春好风光，君悦臣欢同玩赏。层楼飞阁多玲珑，画栋雕梁好辉煌……"这是经典越剧《孟丽君》中的台词。2023年7月，著名越剧表演艺术家、"梅花奖"得主李敏，携手国家一级演员黄燕舞、张学芬，为成都观众演绎了这一经典剧目，备受戏迷好评。

《孟丽君》舞台剧照（裴建平供图）

就在此次演出的两个月前，2023年5月，封面新闻记者来到越剧诞生地——绍兴，探访大运河作为戏曲水路传播的"活化石"，对越剧百年发展、传承的传播与汲养。绍兴市演艺集团总经理裘建平在接受封面新闻记者专访时直言："在我们绍兴，没有人不喜欢越剧，年轻人也非常热爱。越剧就像是一枚铁烙，深深烙进了每个绍兴人的内心。"

《孟丽君》舞台剧照（裘建平供图）

百年越剧随运河水流传不息

"山阴故水道，出东郭，从郡阳春亭，去县五十里。"大运河浙东运河绍兴段，在春秋越国便已经存在，也是由于运河和鉴湖赋予的便利交通、环境等优势，绍兴在唐朝就有"会稽天下本无俦，任取苏杭作辈流"的美誉。而运河上的"浪桨风帆，千艘万舻"，也为传播绍兴文化、民俗传统提供了"活力"，让更多人了解古越大地的悠久历史和灿烂文明。

"红酥手，黄縢酒，满城春色宫墙柳。东风恶，欢情薄，一怀愁绪，几年离索。错错错。世情薄，人情恶，雨送黄昏花易落。晓风干，

163

泪痕残，欲笺心事，独语斜阑。难难难。"作为中国的第二大剧种，越剧被称为"流传最广的地方剧种"。陆游与唐琬的凄美爱情，也随着越剧《钗头凤》《团圆之后》《唐琬》《陆游与唐琬》等剧目的演出，顺着古老运河水，穿越时空，流传不息。

越剧《钗头凤》舞台剧照（裘建平供图）

第一届越剧大展演海报（裘建平供图）

"越剧发源于绍兴嵊州，是我们这里的地方戏，有100多年的历史了。"作为绍兴越剧的"幕后推手"，裘建平为推广、发扬越剧，已经坚持了21年。"这是我的热爱，更是我的责任。"

2003年，在越剧发展低迷阶段，裘建平出任绍兴市演出公司总经理。"我第一个思路，首先是越剧要有一个盛会。"于是，他策划了首届江浙沪经典越剧大展演。"我们这样做的目的，一是弘扬越剧，二是让全国各个院团在展演期间进行艺术交流。同时，我们打造的这个'越剧嘉年华'，票价也一直很惠民，包括团体票、游客票。持续一个多月的展演中，市民和游客有足够的时间去了解越剧、欣赏越剧。"

2023年6月8日，第21届越剧大展演在浙江绍兴大剧院启幕。为期4个月时间里，来自江浙沪闽的十家越剧院团，将为绍兴戏迷带来20场越剧大戏，传承弘扬戏曲经典。"要把当时渐渐走向衰落的传统戏曲重新'扶'起来，让值得我们骄傲的中华优秀传统文化瑰宝，依旧灿烂地盛开在中华大地上，是我们义不容辞的责任与使命。"

越剧文化助力大运河美丽繁荣

音乐响，唱腔起，越剧飘荡在浙东运河之上，乘一艘梦想的小船，翻过山，越过岭，让越剧文化像蒲公英的种子一般，在全国，甚至全世界开枝散叶，生根发芽。在裘建平看来，"运河是一个'硬件'。运河本身拥有深厚的历史底蕴，这点毋庸置疑，但是想要更多地赋予运河美丽与繁荣，需要'软件'，需要文化。越剧，就是大运河不可缺少的文化元素之一。"

"当然运河文化有很多，绍兴段运河除了越剧文化，还有书法文化、酒文化、名人文化等等，这也说明，运河的发展和兴盛，离不开文化软实力的支撑。"而保护好大运河文化，也保护了"沿线人民的乡愁"。

采访中，裘建平也分享了越剧发展的"前世今生"。"越剧的发展分为了前百年和后百年，在前一个百年里面，袁雪芬、尹桂芳、筱丹桂、范瑞娟、傅全香等老一辈艺术家，通过她们的努力让越剧唱响上海，为越剧的发展与推广打下了基础，这才有了我们后面的越剧的进步与突破。"

演出剧照（谭羽清摄）

　　人才问题始终是每一个剧种所要面临的困境。庆幸的是，越剧的人才培养与发展情况令人欣慰。"新百年以来，越剧也做了不少事情，首先是各个院团都排了大量的戏，也培养了一批中青代演员，70后、80后、90后都跟上来了。"裴建平告诉记者，如今的越剧已经在东部沿海一带得到了规模性的发展。"除浙江地区外，江苏、福建、上海等地也分别发展出了省、市、县、区越剧团，越音缭绕的绍兴，也会持续擦亮越剧这张'金名片'。"

　　作为土生土长的绍兴人，裴建平希望越剧越来越好，"还有很多地方很多城市的人，没亲眼看过越剧，所以我的目标就是继续推广，让越剧走遍中国大江南北"。今年6月下旬开始，由绍兴市越剧团演出的《孟丽君》《梁山伯与祝英台》，已经在福建、湖南、湖北、四川、云南、江苏、浙江、北京、江西等多地巡演，所到之处反响热烈。同时，越剧《钱塘里》《核桃树之恋》《唱支山歌给党听》等，也在新时代散发出新的光芒。

守正创新打造时代所需的越剧经典

裘建平深信，越剧作为生于运河之畔的瑰宝之一，汲取了大运河的智慧与精神。"这条河始终没有断流，运河周边的经济也好、文化也好，在新时代更加欣欣向荣。越剧也像运河一样，愈加繁荣、昌盛，源远流长。我们新百年的越剧人，也继承了老一辈艺术家百折不挠、从不放弃的精神，并发挥守正创新精神，努力将越剧打造成时代所需、年轻人所需的戏曲经典。"

为了适应时代的变迁，越剧不仅坚持传统的巡回演出和举办展会，更在电影领域积极探索与深入发展。"我们拍电影的目的，是更好地让文旅深度结合，通过实景拍摄，把景点跟越剧紧紧地扣在一起，同时也会尝试去开发相关的延伸性产品，助力文旅发展。"裘建平还特别强调，"创新不是完全地'破旧立新'，而是懂得平衡新与旧之间的关系。"

在他看来，创新发展的同时，还要"守正"，即在传承老一辈艺术家优秀传统的基础上，结合时代的发展需求进行创新。这种守正创新的精神使得越剧能够适应时代的变化，满足现代观众的审美需求。"所以越剧还能适应时代，适应现在的需求。而且，任何一个戏曲剧种都要守正创新，要适应当今的审美和时代，才能让观众不流失。"

裘建平还提出，如果仅将戏剧定位为"非遗"产品并非明智之举。"'非遗'是放在博物馆里的，那样就变成了看'历史'的东西，而不是'现在'的东西。让非遗'活'起来，才是我们应该重视的。"

（封面新闻记者　荀超　谭羽清）

考古学家林留根：
以运河之躯共塑人类命运共同体

运河文化，源远流长。两千多年的岁月里，运河见证了多少的变迁，运河沿岸发生了多少的故事。最终，在时间车轮的滚碾下，它们都隐入了历史的尘埃。

作为中国大运河历史文化的发掘者与探索者，浙江大学考古学研究所所长林留根在多年的考古发掘当中，在一次次实践中，对大运河文化

大运河上的拱辰桥（荀超摄）

"京杭运河"（荀超摄）

的理解不断升华："运河的历史已经离我们越来越远了，更多的是在书本中，现场能看到一点点已经不错了。即使这样，我们讲到一个词或是一句话，事实上在背后要付出很多努力，才能把它变成真实的东西。让大家看得见、摸得着，是大运河文化建设非常重要的一步。"

在林留根看来，大运河是中华民族2000多年来，为"铸牢中华民族共同体意识"而留下的重要"物件"。"如果说长城是中国的脊梁，那运河就是中国的血脉。长城是防御，是保守，是对抗，运河是融合，是包容，是开放。所以说，运河精神和长城精神有着不同的精神内涵，而它们恰恰是全世界所需要的，能够为推动构建人类命运共同体注入深厚持久的精神力量。"

传承2500年，活态流淌生生不息

大运河始建于公元前486年，包括隋唐大运河、京杭大运河和浙东运河三部分，全长2700多千米，地跨北京、天津、河北、山东、河南、安徽、江苏、浙江8个省、直辖市，通达海河、黄河、淮河、长江、钱塘江五大水系，是中国古代南北交通的大动脉。

自小在京杭大运河丹阳段长大的林留根，对大运河有着别样的情感。如今在浙江大学任教的他，对浙东运河也颇有研究："《越绝书》载：'山阴古故陆道，出东郭，随直渎阳春亭；山阴故水道，出东郭，从郡阳春亭，去县五十里。'浙东古运河山阴故水道，是春秋时期越国开凿的中国最早的人工运河之一，自公元前486年起，这段运河就作为吴越两国争霸的工具，在历史上留下很多精彩曲折的史迹。"

山阴故水道的开凿，对于越国的复兴起着非常重要的作用，具体

拱辰桥边风景（谭羽清摄）

表现在水利、经济、农业、航运以及军事作用上。浙东地区地势南高北低，钱塘江、甬江等多数自然河流由南向北汇入大海，而浙东运河却突破了自然"局限"，让更多河流被连接，更多土地被整合，让自然的原野变成人们耕作的家园，为越国的崛起提供了保障。山阴故水道所在的浙东运河，是集大成的运河，因为它解决了很多水利技术上的关键问题。

在整个大运河申遗的过程当中，浙东运河备受重视。对此，林留根解释称："浙东运河可以称得上是历经千年的活态运河，从春秋战国时期一直通航到现在，生生不息。哪怕在古代遇到很大的战乱，浙东运河也没有停止流淌，一直在经济、生活中，发挥着一种守护与传承的作用，并促使运河沿岸逐渐形成了城镇化的格局。"

研究历史，做运河文化的讲述人

"在江南地区，大运河是'网状结构'的，对周边的社会、经济、生活影响更加深刻、深远。"林留根认为，相比北方运河，江南运河更加"生动"且"活泼"，但无论南北，它们都是中华文化的宝贵象征。

"中国大运河将历史上的多条运河汇集在了一起，它代表的是不同的运河，在各个时间段当中都发挥着相当重要的作用，对整个中国、整个中华民族的融合发挥了非常重要的作用。"

随着运河文化的发展，历代王朝相关制度的建设、官吏的选拔任用、工艺的传承与创新，文人墨客留下的诗词歌赋，共同织就了一幅绚烂的画卷。但任何事物都具有两面性，林留根提倡用现实批判和思辨方式来看待大运河的历史与文化。

"现在人看大运河，有时候太轻松、太逍遥了，有的人赞美说'大运河上漂来了美好生活'，说得好轻飘飘。大运河的历史虽然很光荣，但实际上还包含很沉重的叹息，比如古代很多著名水利专家把自己的一生都献给了运河，他们付出血汗甚至生命，这些少有人能看到。正是因

为这种付出，我们发明的很多东西，特别是水利科技方面，都是遥遥领先于世界的。"

如今，林留根正在做镇江破冈渎调查，这一调查关乎"大运河是不是世界历史上最早的人工阶梯运河"。"早在两千年前，大运河就向世人展现了非凡的智慧与科技含量，在大运河申遗的过程中，外国的科学家、史学家们都认为，京杭大运河是集世界水利工程之大成的代表。"

作为考古人，林留根希望将历史上湮灭的史迹通过考古工作呈现于世人，让更多人领会、了解大运河的伟大之处。"在古代，运河就是中国人的诗和远方，代表着一种梦想的开拓与实现。因为很多学子赶考，都要通过运河进京。苏轼从眉山到汴京，就走了京杭大运河。古代文人们也通过自己的诗书画作，为运河的文化增姿添彩。"

西湖是杭州的著名景点，其实也是大运河上的水柜（荀超摄）

让运河在保护与传承当中绽放新的生机活力

越是深入了解运河的文化与历史，林留根越是想更好地保护运河。"运河的文化和历史，就是我们中华民族的文化和历史。在申遗成功之后，更多的人都投入保护运河、推介运河的工作中。"然而，运河的保护并不是"口头协议"，还要站在现实的角度去思索与考量。"2019年，我们国家提出大运河文化带的建设和大运河国家文化公园的建设。要站在更高角度来建设大运河，让它真正成为中华文明和中华民族的文化标识，实现大运河遗产的保护、传承、利用。"

大运河的遗产保护，不仅仅是保护运河本体，还要保护运河文化传承。"如果只是选几个点把它保护起来，这就是形式上的面子工程，是浅层次的保护，或者叫浮光掠影式的保护。真正的保护，就是要让运河沿线的城市、城镇老百姓有获得感，把运河本身的文化遗产保护跟生态保护以及经济建设、城市发展相关联，真正打通全方位的发展与保护，这才是最好的保护。"让林留根担忧的是，目前真正能够做到的并不多，"这不仅需要有实力的城市规划人才和历史文化研究员，对于主管部门的管理人员也是极大的挑战与考验。"

作为浙江大学艺术与考古学院的教授，林留根将自己的学术研究与保护运河的使命担当牢牢结合在一起，承担起建设美好运河的责任。"我们现在在做一个项目，就是借助空间信息技术来研究大运河的历史变迁、遗产的分布。我们利用卫星图像识别技术来进行辨识，对大运河及地表影像进行分析，结合历史地图、舆图进行破解。"

除了不断地发掘历史，溯源大运河的本来面貌外，利用新科技、新理念去打造新的运河生态体系，也是林留根一贯推崇的。"让大运河在千年的岁月里重新焕发出青春气息的方法，是将现代的先进科学技术与运河文化相结合，以现代的形式叙述传统经典。要让年轻人以他们比较喜欢的方式来接触运河文化，还要让老年人看得懂、让小孩感兴趣，做到老少皆宜，从而讲好中国大运河的故事、中华文明的故事，让全世界通过运河来了解中国人，了解中国人敢为天下先、开拓创新的运河精神。"

（封面新闻记者　荀超　谭羽清）

开天河

变 迁

引言

从古至今水接南北江河：运盐河畔的运河故事

大运河的故事，不光是历史的，也是当下的。

作为人民群众利用自然、发挥智慧重整山河的古代超级水利交通工程，中国大运河在千年岁月中，一直承担着沟通南北大动脉的功能。时移事易，当历史的车轮来到19世纪末20世纪初，第二次工业革命的兴起，带来铁路、航空、海运技术提高等主流运输方式，内陆水运整体呈现下滑趋势。1901年，清政府宣告停止漕运，千年漕运史合上了最后一页。在之后近百年里，大运河陷入它前所未有的低潮期。

时间进入21世纪，随着我国对世界遗产事业的高度重视，大运河于2013年成为国家重点文物保护单位，并于2014年成功申报世界遗产。大运河所凝结的文化遗产价值，终于得到凸显和释放。中国大运河凝聚着丰富的文化、历史遗存信息，为研究中国古代政治、经济、文化、社会和生态等诸多方面，提供了绝好的实物资料。

不过，值得注意的是，虽然大运河不再是当下中国南北交通的主流大动脉，但并不意味着它只剩下文化遗产功能。当下，大运河在水运交通方面，依然发挥着不容忽视的作用。随着陆地、空中交通的发展，水运在国民交通运输中的总比重确实下降了，但水运在大宗货物的运输方面，依然有其不可替代的独特优势和巨大体量。大运河这条黄金水道在当下依然发挥着重要的交通运输功能，在现代物流体系中依然占有重要地位。也就是说，作为"世界文化遗产"，中国大运河不仅仅是历史的，还是现代的，不是静止的，而是活态的。

近些年来，随着经济全球化的推进和区域经济一体化的发展，现代物流成为世界各国经济增长的关键因素。包括大运河在内的内陆水路航运，凭借其低成本、低能耗、优惠、环保、高载量的优势，在现代物流领域，尤其是大宗物流运输中有着举足轻重的地位。随着我国对大运河航运的重视和支持，相关基础设施不断完善，航道条件正在得到改善。2022年，京杭大运河实现100多年来的首次贯通。大运河现代航运也正迎来新的发展。

在江苏、浙江等南方段，大运河一直还承担着重要的货物运输功能。中华人民共和国成立以后，国家非常重视水利水运，大运河的价值被重新审视，它被全面治理、修复，开始重新焕发青春。尤其是镇江、扬州、淮安、苏州、杭州这一带，大运河在大宗货物运输方面的优势，显得尤为突出，甚至不可替代。比如大运河的苏北段，仍然是北煤南运的重要通道，每年航运量在3亿吨以上，相当于3条京沪铁路的运量。2023年6月8日，京杭运河苏南段航道"三改二"暨谏壁船闸扩容改造工程在江苏镇江正式启动，标志着打造更具特色的"水运江苏"建设拉开大幕。待2025年完工后，全长212千米的京杭运河苏南段将提升至二级航道标准，加上目前已是全线二级航道的京杭运河苏北段，京杭运河江苏段可实现2000吨级船舶全天候畅行。

在大运河扬州段位于长江与京杭大运河两大世界级河流的十字交汇处，如今依然是大运河"黄金水道"中的"钻石航段"。施桥船闸位于江苏省扬州市六圩长江北岸，地处大运河、长江交汇处，距离长江仅约6千米，是京杭运河上入长江的第一个梯级，地理位置十分特殊。这里是船舶从长江进口北上进入苏北运河的第一闸，也是苏北运河入江的最后一道船闸，是扬州水上的"南大门"。

位于浙江嘉兴海宁长安镇的长安闸是大运河上唯一以实物形态留存

的"复闸"之一，也是古船闸技术史上一颗闪耀明星，而距离它20千米外，位于"新运河"上的千吨级船闸八堡闸则是浙江段运河上极具代表性的现代船闸，这让我们看到，古老的大运河在科技辅助下，在现代社依然迸发着新的活力，继续作为水利工程，承载沟通南北的使命。

虽然水道航运这一运输方式很古老，它却具有能耗低、用地少、污染小等显著优势，是综合交通运输体系中最绿色的运输方式。尤其是对时间、速度要求不高的大宗货物，水运的优势很明显。而且水运运量大、排放低、运费省，对经济发展和节能减排具有不可替代的作用。

以苏北运河为例，其每吨千米运输成本是铁路的1/4、公路的1/10。以一艘4000吨级的普通货船来举例，4000吨的承载量对于水路运输的货船来说相当常见。与之相比，一辆重型卡车载重约是50吨。一艘普通货船的运载量相当于80辆重卡的载运量。而一艘4000吨船的能源消耗、人力成本远远低于80辆卡车。所以，至今煤炭、矿产等大宗货物的运输，走水路仍然是首选。

公元前486年，吴王夫差开邗沟，在扬州挖下大运河的第一锹土，首次沟通长江、淮河两大河流，自此唱响了后来延续2500多年的中国大运河之歌。这座因大运河而生、又因大运河而兴的城市，如今依然与大运河是唇齿相依的关系。这里拥有丰富的运河文化遗存。园林、饮食、非遗、公园等方方面面，都跟运河有着这样或那样的密切关系。近年来大运河国家文化公园的建设，让作为大运河"生长原点"的扬州更是熠熠发光。

如今的大运河扬州段已成为一条集航运、旅游、水利、景观、遗产等功能于一体的综合性运河网。在扬州，有古运河，有新运河，运河纵横成网。在扬州，大运河上有一段著名的水利工程和水文景观——扬州"三湾"河道：利用"三湾抵一坝"的道理，让水流速度变缓，大大提高了漕运交通安全系数。如今的三湾河道，不再发挥实际的交通运输功能，而是作为景观河道、旅游航道，已经成为4A级景区，发挥它的生态人文功能。近年来相继建成了扬州三湾湿地公园、三湾体育公园、三湾城市书房等，成为扬州城内重要的文化旅游景区和百姓休闲场所。

在三湾湿地公园，可以看到古老的运河水在博物馆边上缓缓流淌，水面以及运河两岸散发出静谧、清新的气息，令人欣喜而振奋。现代与传统两股时光在此交错，也见证着大运河的活力与无限可能。在不远处的视线内，可以看到中国大运河博物馆，矗立在三湾古运河畔，犹如一艘巨轮停靠在扬州三湾古运河畔，见证着运河与两岸儿女在新的时代书写崭新的大运河故事。

无独有偶。山东东平湖是山东省第二大淡水湖，位于山东泰安市东平县境内西部，又称"小洞庭"。东平湖西邻京杭大运河，东接大汶河，北通黄河，无论是作为漕运要枢，还是蓄水滞洪，都有举足轻重的作用。经过近几年的治理和开发，东平湖以及附近河道已经渐渐形成了天然的生态系统，河流、湿地绿意盎然，成为鸟儿栖息的天堂，也吸引了很多观鸟爱好者。

随着时间的变迁，不同段落的运河旁，河水与时代有着各自不同的互动。有的依然发挥着很重要的现代交通功能，有的则已经转型成功，书写生态文明或者文化遗产的功能。不管哪一种，河水汤汤，都能让人感受到一份纯粹。这份纯粹，诗仙李白一千多年前在黄鹤楼送友人孟浩然下扬州时就曾感受过——他久久注视过的"孤帆远影碧空尽"。在这种纯粹中，大运河之歌，依然响亮。

大运河的财富传说：千年"高速公路"

　　如果你正好在扬州东关古渡，可以尝试乘着夜风，搭乘一种双层游船，沐着月色，在流淌千年的隋唐运河上思绪飘荡。

　　如果你正好在"扬起帆"要远航的中国大运河博物馆，可以花5分钟时间，静静站在超过3人高的运河河床剖面下，"仰望"走过千年的大运河的"前世今生"。

　　关于大运河，有很多评价，唐代皮日休那句"尽道隋亡为此河，至

运河船只（张杰摄）

今千里赖通波"站在了另一种视角。有谁能计算出运河上曾经"跑"过多少舟楫？有谁能称量出运河上曾经运载过多少米粮？2023年5月，封面新闻记者来到大运河江苏段，试着在大运河故地，描摹出一个关于运河的财富传说。

大运河——古代的"高速公路"

"你可以把大运河理解为一条古代的高速公路。要致富先修路，作为一条物资运输通道，有了路，沿线的城市就获利，地方就发展起来了；有了路就有了税收，国家有了收入。虽然开运河不是直接为了经济，但是在运粮时，可以夹带物资沿途贩卖，运河码头吸引大批摊贩前来贸易。随着人口的流动以及物资的交流，商品经济就发展起来了。"淮阴师范学院教授李德楠告诉封面新闻记者。

大运河博物馆里的运河剖面图（张杰摄）

　　"漕，水转谷也。""漕"的本意是水上运输粮食，运河历来以运粮为主，此外还运输茶、盐、香料、马匹等各类物资。运河上的舟楫，是让物资流动起来的重要交通工具。在扬州中国大运河博物馆，你可以看到各式各样的航行在运河上的船只，以漕船居多。"漕船多属平底沙船型。明清时期大约有漕船11000多艘，运军约12万人，每艘运粮400石，共计400多万石。"

康熙座船（张杰摄）

　　"运河上除漕船、商民船外，还有用于运输贡品、信件、鲜鱼、水果等对时限有要求的物品的船只，有黄船、马快船、风快船等类型。黄船，是一种船体施以黄色，用于给皇帝运输专用物品的船只。马快船、风快船则为政府部门运送谕旨奏折等'快递'的船只。还有贡鲜船的说法，是根据所运输的物品命名的，就是运输贡品和时鲜物品的船只……这些船在'过路'的时候，享受特殊的优待，比如过闸时无需排队等候。"李德楠告诉封面新闻记者。

　　"为鼓励运军致力于漕运，明朝允许漕船附载'土宜'（地方特产）沿途贩卖，并免于课税。清朝更是明确规定漕运船只可携带'土宜'，且数额比明朝大幅度增加。"李德楠介绍说。大运河是一条水网，它有波澜壮阔，也有静水流深，运河的功能，除了运粮、运盐这样的万石财富、国之大计，还有商品交易、风花雪月这样的百姓民生。运河上的舟楫五花八门，有太湖上大型捕鱼船"七扇子"，有扎着莲花宫灯的灯船，有雕刻着惟妙惟肖龙首龙尾的端午龙舟，有停着红色轿子的状元船，有挑起高台用于表演的杂技船，还有平底、首尾略翘，专为赴南京参加省试的生员定制，为富庶人家所乘坐的镇江客船……

灯船（张杰摄）

镇江客船（张杰摄）

漕运——国之命脉

运河上的漕粮，来自湖北、湖南、江苏、安徽、江西、浙江、河南、山东等八个省份。每年秋收后开始征兑漕粮，兑运完毕后开始上路。"由于各省份距北京城远近不同，北方的河南、山东距离近，南方的江苏、安徽、江西、湖南、湖北、浙江远，因此兑运时间不一，有'冬兑冬开''冬兑春开'等类型。"

"运河航运受到气候、水文等条件的影响，运粮船就得按照规定的时限加紧出发，按照路途远近，规定分别于农历三月、四月、五月、六月抵达北京交仓，逗留时间均不能超过三个月，然后抓紧返程，最后一批要赶在运河水结冰前返程，一刻不能耽搁。否则不仅会被困在中途，还会影响次年漕粮的按时兑运。"

"这些粮食，可以是军粮，是官员的俸禄，是老百姓日常口粮，亦可以是截漕赈灾的救济粮。"

因为处于南粮北运枢纽地带，明清时期朝廷把"交通运输部"——漕运总督衙门设了江苏淮安，统理全国漕运事务。"漕运总督的权力很大，拥有财政、军事、监察等职权，有的还兼任了巡抚之职，方便地方管理和建设。""运河以粮运为主，运粮食比运盐、运果品、运铜铁更重要，量更大。国家用了很大的人力物力来确保粮食的运输。"

明代，有专门的漕兵负责运输漕粮，到了清代，政府雇佣民间力量运粮，就有了漕帮。

漕粮的终点，是京、通二仓，相当于现在的国家粮库。"古代的运河挖得比较浅，一米多深，决定了每年的运输量不会有太多的增长，大约就是400万石。"但是这400万石要运输的漕粮，也要几经周折才能抵达终点。跨越五大水系，江南运河、淮扬运河运输条件较好，但也面临过江、过河等困扰，容易遭遇漂流之患。在淮安清口一带，黄淮运交会在一起，容易受到黄河的淤积倒灌，得用洪泽湖大水库把淮河水蓄积起来，冲刷清口的黄河泥沙，然后才能行船；又如山东运河，地势高，水源不足，如果降水少还需要引泉水济运。又因为水源宝贵，为防止流失，沿途建造了许多船闸，等到泉水积蓄足够，水位涨了才能走船，因此山东运河又称"闸河""泉河"。运船到闸口，还得雇人把粮食拉过闸口。"要是负责漕运运输的'快递小哥'翻了船，你还得赔补。"

"吴盐如花皎白雪"

"吴盐如花皎白雪"——李白在《梁园吟》里这样描写吴盐的品质。两淮盐区产盐历史悠久，相传有四五千年的历史。"盐课钱粮，关系军国急需。"早在顺治、康熙年间，清政府就认识到了盐业发展的重要性。乾隆年间，盐税已达400万两。对盐税的依赖，让明清时期一个特殊的阶层——盐商迅速崛起。他们富甲一方、热衷风雅，在饮食、文

化、建筑等各个领域留下了特殊的印记。

位于扬州东关街的个园，是清嘉庆、道光年间两淮盐商总商黄至筠的家宅。园内春夏秋冬四季假山，以形、以色、以植物的搭配让人叫绝。冬季假山，配以白石，种以蜡梅，后墙配上圆形风洞，冬季可听呼呼风声；跨过门洞，即见春之修竹，配春之假山，以猴、马、龙、虎等生肖状假山，焕然一片生机……

小玲珑山馆——清代盐商马曰琯、马曰璐的藏书楼名。"扬州二马"慷慨好客，厉鹗、全祖望、金农等都曾馆于其家。相传清时修《四库全书》亦曾派人到马家借书。

个园（张杰摄）

运河兴，城市兴

圩（wéi），是一个有意思的字，它指的是江淮低洼地区修筑起的防水堤岸。长江入海前在江苏省境内造成了不少洲滩、圩地，于是，沿江地区就出现了很多以"圩"命名的地名：一圩、二圩……十二圩。

1931年，位于江苏仪征的十二圩小镇的名字出现在了世界地图上。

十二圩不产盐，却因盐而兴盛。这里也是两淮盐务总栈的所在地。封面新闻记者重访两淮盐务总栈旧址时看到，它的门楼现在已经变成了扬子中学的一部分。往南，相隔一条马路的码头，似乎还在述说着这里一个甲子的繁盛。

十二圩盐运码头上的石级（张杰摄）

清末两淮盐运码头（张杰摄）

　　曾经，这里被誉为"盐都""江北小上海"，盐储运量占全国第一（约10亿斤），盐仓占地300亩。极盛时候，"一堆盐有三层楼房那么高"。在走访江上盐都盐运文化展示馆时，馆长金小平告诉封面新闻记者，曾经这里的盐河停泊着淮船数百艘，"列樯蔽空，束江而立，覆岸十里，望之若城郭"。曾经，这里是全国最大盐运中转集散地，汇集了产自淮南、淮北的食盐，然后再转运到湘、鄂、赣、皖、苏等省。靠盐吃饭的盐工达5万人，一个小镇汇集了"九街十八巷"，居住人口达20万人……

盐运文化展示馆（张杰摄）

运河新生

2023年5月3日，在扬州施桥船闸，新的大运河上，封面新闻记者看到，一艘北来的运煤船正在缓慢进闸。"水运的成本低，私人就可以承包，通常夫妻俩轮流开船，吃住都在船上。"李德楠告诉记者。

古代的船只没有动力，全靠风力和人力。而现在，靠着机械动力，新的京杭大运河上往来的运输船只可以达到2000吨级别，吃水深度可达3米。

在中华人民共和国成立初期，国家投入2亿多元对苏北运河进行集中整治，缓解了北煤南运、南粮北调的困难。在今天，京杭运河在我国综合运输体系建设和长三角地区经济社会发展中仍然具有十分重要的地位。2020年上半年，京杭运河苏北段累计船舶通过量9.5亿吨，累计货物通过量7.4亿吨，货物运量14252万吨，集装箱运量13.7万标箱，同比增长35.3%……

运河是什么？它是权力之河，是财富之河，是文化之河。千千万万的人，围绕运河而生，而兴，而起，而落。那些在风雨里来去讨生活的一叶小舟，那些在时光隧道中满载军粮、食盐的船舱，那些载歌载乐、笑语欢腾的精致游船，那些雕栏画栋、象征最高权力的龙船，在3000多千米的运河上，承载的有悲欢离合，有赏心乐事，更有家国兴亡……

（封面新闻记者 张峥 张杰 边雪）

船闸水坝：让运河奔流不息，助船只"翻山越岭"

　　中国大运河，全长约3200千米，流经8个省（直辖市），跨越纬度10余度。从古至今，南北方的政治、经济、文化、技术乘着船只，靠着这条水"高速公路"得到了快速的交流沟通。

　　但有着这样惊人跨度的人工运河想要顺利贯通并为航运服务，必然需要巧妙地突破自然设下的重重挑战。其中，让"水上高速"不被高下错落的地势截断，让船只实现跨越上下悬河、"翻山越岭"的船闸和水坝是运河上最值得称道的杰作之一，展现了人类在水利工程技术领域的智慧。

　　位于嘉兴市海宁县长安镇的长安闸是大运河上唯一以实物形态留存的"复闸"之一，也是古船闸技术史上一颗闪耀明星。而距离它20千米外，位于"新运河"上的千吨级船闸八堡闸则是浙江段运河上极具代表性的现代船闸，象征着古运河在科技辅助下，迸发出新活力，继续承载沟通南北的使命。

船闸水坝：帮助船只"翻山越岭"的伟大设计

　　"如果要找能代表大运河，特别是代表浙江境内的江南运河的标志，我个人认为，除了拱宸桥，就是长安闸。"曾在长安镇扎根半年多的浙江省文物考古研究所研究员郑嘉励，向封面新闻记者推荐了大运河上的这座重要古代水利枢纽工程。

　　作为生活在运河边的新杭州人，郑嘉励少年时就已在冥冥之中与长安闸"结缘"。小学时，他喜欢盯着墙上的地图发呆。有一次，他突然注意到，连接杭州和北京的，有一条黑黑的粗线，线的一侧布满锯齿，看着好像一架倒垂的梯子。这架让郑嘉励印象深刻的"梯子"，就是天下闻名的京杭大运河。

长安闸上闸遗址（荀超摄）

长安闸的中闸遗址（由东向西）（郑嘉励供图）

　　2012年，为了配合中国大运河申报世界文化遗产的工作，郑嘉励来到浙江海宁市的运河古镇长安，主持长安闸、长安坝遗址的考古调查与发掘。亲来现场，郑嘉励发现自己儿时的"痴想"并不算错，这里的大运河确实像"梯子"——河床高下悬殊，常年落差在两米左右，河上闸坝林立，犹如一道道拦截河道的关卡。

　　但是运河上的货船如何能"爬梯子"呢？一个新的疑惑在郑嘉励脑海中形成，"以前，我看运河上的船川流不息，感觉它们如履平地就以为古代的船也如现在这般。但到了长安镇，我发现运河是由多段上、下河构成的，下河的船如何进入上河？上河的船又怎样进入下河？这需要怎样的工程技术和工程智慧？"

　　在对长安闸、长安坝遗址进行全面调查、挖掘后，他和考古团队揭示了这段古运河上的秘密和历史："宋代的长安镇上，既有以闸门次第启闭实现通航的长安闸，又有以人力拖船翻越斜坡堰坝的长安坝，这两种方式均能实现船只在上下河道间的往来。长安闸，元代以后逐渐废弃，而长安坝则沿用到20世纪70年代。这两种不同的拦截河道并实现通航的技术模式，在一地并存。就我所知，这在浙江境内的浙东运河、江南运河上并不多见。"

遥想宋代，大批船只在长安镇等候过闸、翻坝的景象该何等壮观？南宋诗人范成大的《长安闸》就详细生动地描绘了当时船只经过长安闸的情景，船闸截断狭窄的河道："斗门贮净练，悬板淙惊雷。黄沙古岸转，白屋飞檐开。是间袤丈许，舳舻蔽川来。千车拥孤隧，万马盘一坯。篙尾乱若雨，樯竿束如堆。摧摧势排轧，汹汹声喧豗。逼仄复逼仄，谁肯少徘徊！传呼津吏至，弊盖凌高埃。嗷嘈议讥征，叫怒不可裁……"来往船只聚集在此，等待放闸通行，大家各不相让。闸官（税吏）出面喝阻，维持秩序，船家只好逆来顺受。当时的范成大只是进京赴考的青年举子，此番情景想必给这个刚踏入社会的年轻人上了生动的一课。长安镇是江南运河的交通枢纽，是宋代进出杭州的必经一站。除了范成大，杨万里也曾作诗《入长安闸》《宿长安闸》咏之。

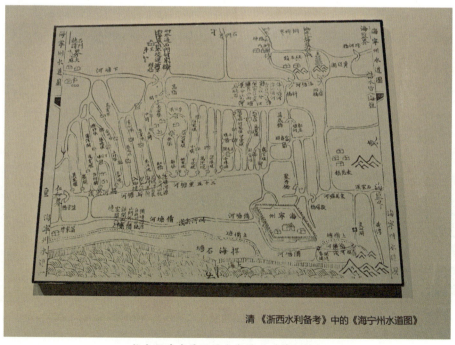

清《浙西水利备考》中的《海宁州水道图》

长安闸遗产展示馆内容展示（荀超摄）

长安闸遗产展示馆展示文物（荀超摄）

长安闸遗产展示馆展示下闸考古照片（荀超摄）

长安闸："一坝三闸两澳"技术领先世界

"自下闸九十余步至中闸，又八十余步至上闸。"上河以杭州西湖为水源，下河以东苕溪为水源，作为连接不同水系的重要枢纽，长安闸分别由上闸、中闸、下闸三座复闸组成，是江南古运河中规模最大的运河设施之一。其"一坝三闸两澳"的复式结构，更是代表了当时水利航运设施建设的世界先进水平。

"上下悬河之间的通航，是古代航运的关键技术。两宋时期江南运河长安道上，大小船只鱼贯而来鱼贯而往。而且，这个地方'闸'跟'坝'并存，且位于两条水道上。一个用来解决上河到下河的航运，一个用来解决下河到上河的航运，这就构成了一个完整的体系。南来北往的船只，分别采用'过闸'和'翻坝'两种完全不同的航运技术通航。"

民国时期，江南运河上的翻坝情景（郑嘉励供图）

郑嘉励时常闭上眼睛想象当时的场景："从杭州去嘉兴的航程中，船只从上河往下河穿过长安闸，采取闸门次第启闭的过闸形式，逐级下降；从嘉兴到杭州，从下往上，则在长安翻坝，靠畜力，也就是靠牛，或者靠人力转动辘轳，牵引船只翻越坝顶。这是怎样引人入胜的情景，又是怎样匠心独运的创造。而这一伟大的古代发明创造，在江南运河的长安古镇，以实物形式存留至今！"

宋神宗熙宁年间（1068—1077年），日本僧人成寻来中国巡礼天台山和五台山，从北方返回杭州，曾途经长安镇，在他的《参天台五台山记》中，有对船过长安堰（即长安坝）的描述："未时，左右辘轳，牛合十四头，曳越长安堰了。"即通过左右各7头牛，转动辘轳，牵引船只，翻越长安堰。

前一年，他从杭州出发前往北方，是通过复闸的。关于长安闸的运行过程，成寻也做了具体描述："申时，开水门二处，出船。船出了，关木曳塞了。又开第三水门关木，出船。次河面本下五尺许，开门之后，上河落，水面平，即出船也。"即通过上中下三道闸门的次第启

上塘河及长安中街（郑嘉励供图）

闭，调节闸室水位，形成"平水"，来实现上、下河的通航。闸、坝的两种不同航运形式在长安一地并存，也是江南运河的唯一实例。

但是，长安闸的每次开启，都会使上塘河的水流失不少。上塘河源自西湖，水源并不充足，而上塘河作为运河干道，必须保持一定水位高度，才能利于行舟。所以在成寻过长安闸差不多30年后，北宋崇宁二年（1103年），长安三闸旁边的民田开出了"两澳"，也就是大蓄水池。其中"上澳"98亩，下澳132亩。开闸时上河的水可以蓄于"两澳"，减少流失，而干旱少水时，也可用两澳的蓄水，开闸行船。

八堡船闸：新运河上的智慧水利工程

在杭州城区，古老京杭大运河汇入钱塘江的交界处，有一座建于20世纪80年代的三堡船闸，它的投用结束了京杭大运河与钱塘江因为水位差"江河相望、咫尺不通"的历史，将钱塘江、京杭运河衔接起来，揭开了浙江省内河航道建设史上崭新的一页。

2016年，为了推进京杭大运河杭州段的航运能力提升至1000吨级，杭州交投集团负责的"运河二通道项目"正式开始建设。这条升级版的新运河未来将替代杭州核心城区段的古老京杭大运河，成为承载货船的主力军。而在新建的运河二通道汇入钱塘江处，亦需要一道船闸担负与三堡船闸同样的使命，八堡船闸就应运而生了。

2023年7月，被誉为"钱塘第一闸"的八堡船闸宣布建成通航，它是浙江省迄今规模最大的内河航运枢纽，闸室有效长度300米、宽23米、水深4.2米。与"前辈"三堡船闸相比，八堡船闸对通行船只的吨位限制不仅提升至千吨级，其年单向通过能力更是提升5倍以上，可达4200万吨。

三堡船闸（谭羽清摄）

八堡船闸（谭羽清摄）

　　同时，八堡船闸也是一座现代化、数字化的"智慧船闸"，称得上是运河二通道工程的点睛之笔。

　　在建设过程中，八堡船闸创新运用了建筑信息模型（BIM）技术对工程进度、质量等进行全面管理，确保这座位于强涌潮区的千吨级船闸能顺利建成。

所谓BIM技术，是在3D实体建筑信息模型基础上，打造"一套模型、一个平台，数据共享、统筹管理"的项目管理系统，平台内容包括进度管理、质量管理、安全管理等，可以有效解决船闸工程建设管理过程中存在的众多难题。

而在八堡船闸建成后，BIM技术还将继续助力八堡船闸的管理维护，实现船闸可视化、精细化、信息集成化的管养，提升船舶的通航安全和效率。

在中交第二航务工程勘察设计院发布的"八堡船闸智慧管养平台"展示图上可看到，该平台用3D模型直观地展示了八堡船闸全貌，并配有诸多实时数据，从船闸的运行，到发电机组的状态，再到设备是否发生故障等信息均能从平台上获取。

八堡船闸航拍图（杭州交投建设管理集团运河二通道建管处供图）

　　2023年5月中旬，记者来到运河二通道的桥上远眺八堡船闸，此时河道还未正式通航，但似乎正在调试船舶过闸流程，广播中循环放着一系列提示语音。一眼望去，只见闸首的巨大波浪形穹顶在夕阳的映照下如同一片反射着光芒的洁白浪花，与宽敞河道中的碧水、闸室两旁的景观绿道、远远传来的智能提示音共同构成了一幅宁静、壮丽且极具现代感的水利工程图景。

　　"近自江南极川楚，长安利甲浙东西。"古时，长安道上，闸坝纵横，车船喧嚣，漕运、贸易、宦游……往来于都城者摩肩接踵；今日，河上喧哗不再，长安闸坝遗址犹存，成为江南运河上唯一以实物形态留存的"复闸"，见证了中国大运河旧日的辉煌和曾经达到的科技高度，而以三堡船闸、八堡船闸为例的一代代"新船闸"从长安这样的"古船闸"手中接棒，将古人的智慧一再延续，借助日新月异的科学技术，为流淌的大运河不断注入新的活力。

　　　　　　　　　　　　　　　　（封面新闻记者　荀超　谭羽清）

古运河变身生态文化公园生长出一个"网红"博物馆

在三湾，了解大运河前世今生

在古城扬州的正南，古运河突然左转右绕，形成了"三湾"。

扬州地势北高南低，古运河扬州城区段南部水流湍急，导致槽船发生事故的风险很高。明万历二十五年（1597年），扬州主政者主治运河，利用"三湾抵一坝"的道理，让原有的100多米河道改弯后变成了

现代三湾（黄杰供图，袁海冬摄）

现代三湾（黄杰供图，袁海冬摄）

1.7千米，水流速度变缓，大大提高了漕运交通安全系数。这就形成了大运河上一段著名的水利工程和水文景观——扬州"三湾"。从明代至今几百年过去了，"运河三湾"经历过怎样的沧桑巨变？

运河三湾生态文化公园位于扬州市区南部古运河畔的三湾片区，是天然的生态湿地和重要的水工遗产，也是扬城首个位于城市中央的湿地公园。

在三湾湿地公园内采访期间，记者步行在剪影桥，看到古老的运河水在博物馆边上缓缓流淌，水面以及运河两岸散发出静谧、清新的气息，令人欣喜而振奋。现代与传统两股时光在此交错，也见证着大运河的活力与无限可能。在不远处的视线内，可以看到中国大运河博物馆犹如一艘巨轮停靠在扬州"三湾"古运河畔，见证着运河与两岸儿女在新的时代书写崭新的大运河故事。

中国大运河博物馆（张杰摄）

变了景象，从脏乱差到清水绿岸

　　在此前很长一段时间内，"三湾"的情况令人担忧。"如果你们在2014年以前来，会看到这里完全是另外一番景象：水又黑又臭。在扬州人的心里，'三湾'曾经的形象就是脏乱差。因为这里曾经在一段时间内是一个化工企业园区，还有不少拾荒者堆积的废弃垃圾"。扬州大学中国大运河研究院执行院长黄杰在三湾现场对封面新闻记者回忆，"在工业化浪潮下，三湾一度成为工厂聚集区，聚集了农药、化工、制药等多家工业企业，导致水质恶化、河道淤浅、棚户林立、垃圾遍布。"

　　这种情况到2014年有了改观。扬州市加大生态环境保护工作力度，全面推进大运河沿线环境的综合整治和生态修复，关停搬迁相关工业企业，开展湿地修复。现在园区植被也丰富起来。不光栽种有扬州本地的特色树种，还有全国各地的适合在扬州种植的树种，这使得"三湾"的空气、水质得到极大改善。除了环境治理，还进行了公共文体设施建设，比如健身步道、城市书房等。古运河"三湾"的治理非常有成效，

才有了今天运河三湾清水绿岸的面貌。中国大运河博物馆选址在"三湾",也跟这里的生态环境得到巨大改善有关。

现代三湾(黄杰供图,袁海冬摄)

美丽图景:"国字号"大运河博物馆看中三湾

2021年6月16日,位于扬州运河三湾生态文化公园内的中国大运河博物馆正式开馆。该馆总建筑面积约7.9万平方米,展厅面积约2万平方米,全流域、全时段、全方位展示大运河历史文化,也是国内首座集文物保护、科研展陈、社会教育为一体的现代化综合性运河主题博物馆。

中国大运河博物馆于2019年5月开工建设,建筑设计方案由梁思成弟子张锦秋院士领衔设计完成，设计风格为传统与现代相结合的"新唐风"，由展馆、内庭院、馆前广场、大运塔和今月桥五部分组成。馆前广场向南直抵运河湾道，展馆和塔之间以造型时尚的拱桥——今月桥相连接。 他们还经过实地勘察，巧妙地设计出大运塔，与古运河三湾上下游的文峰塔和天中塔交相辉映，连成一线，形成绝妙的"三塔映三湾"盛景。大运塔通过今月桥与主馆相连，其半圆形的承托结构倒映在水面上，恰好组成正圆。由此，形成了馆、塔、园、河、桥浑然一体的美丽图景。

中国大运河博物馆内部（张杰摄）

在中国大运河博物馆内部，馆方设置了不同主题的展览，参观者可以通过上万件文物了解隋唐大运河、京杭大运河、浙东运河的前世今生，还可以通过数字化技术，身临其境地感受运河上的水利工程、漕运盐利、商业贸易、饮食风物以及沿线自然生态。

展览以"运河带来的美好生活"为总体定位，设有"大运河——中国的世界文化遗产""运河上的舟楫""因运而生——大运河街肆印象"3个常设展，"世界知名运河与运河城市""运河湿地寻趣"等6个专题展，以及"河之恋"数字化沉浸式展览。馆内还有1个展演传统戏曲的小型剧场，1个青少年互动体验项目和2个临时展厅，运用传统与现代展示手段，以多样化的展示形式，全流域、全时段、全方位地展现了中国大运河的历史、文化、生态和科技面貌。因此，中国大运河博物馆也被誉为一本关于中国大运河的灵动版"百科全书"。

其中，裸眼3D、数字科技等特效非常现代炫酷，比如一整个汴河剖片，壮观且直观，清晰呈现了各时期地质土层和文物。裸眼3D一镜穿越17城，"5G+VR720°直播大运"以全景视角实时呈现运河生态之美。千里运河画卷近在咫尺，两岸烟火气息触手可及。

虽然中国大运河博物馆只开放了短短三年时间，但早已声名远扬，荣获了2023年"全国最具创新力博物馆"称号。前往参观的观众络绎不绝。据统计，开馆当天，预约量达5000多人次；开放一年多，前来参观的人数共计400多万。现在该博物馆已是年轻人到扬州旅行的"网红"打卡点，称得上是大运河文化带的新地标和国家文化公园建设中的一张闪亮名片。

如今的三湾河道，不再发挥实际的交通运输功能，而是作为景观河道、旅游航道，已经成为4A级景区，发挥它的生态人文功能。随着扬州城市的扩容，过去城南的"三湾"成为今天扬州城市南部的重要发展区域，近年来相继建成了扬州三湾湿地公园、三湾体育公园、三湾城市书房等，成为扬州城内重要的文化旅游景区和百姓休闲场所。在此基础上，大运河国家文化公园江苏段的建设，也将三湾作为重点选址。

三湾湿地公园（张杰摄）

　　大运河扬州段三湾以及"中国大运河博物馆"的故事，让南京大学教授、南京大学文化与自然遗产研究所所长贺云翱感到欣喜："传承大运河文化遗产的方式可以灵活多样。大运河的故事同历代生活在运河两岸的民众息息相关。我们不光要善于从运河历代的规划者、开挖者、使用者身上发现、讲述大运河故事，还要充分利用运河考古遗址公园、运河博物馆等不同文化载体的建设，让大运河元素在现代社会中绽放出更大的光彩。"

（封面新闻记者　张杰　张峥　边雪）

"运河水柜"东平湖，飞来1664只"鸟中大熊猫"

守护"鸟中大熊猫"的"梁山好汉"

毫不夸张地说，没有东平湖，大运河就无法一画开天，贯穿南北；没有东平湖，大运河也不会在2022年的4月28日实现百来年首次全线通水。

东平湖，山东省第二大淡水湖，位于济宁市东平县西部，又称"小洞庭"。苏轼的弟弟苏辙曾夜过东平湖，被这里的景色深深陶醉，留下了"更须月出波光净，卧听渔家荡桨声"的优美诗句。

东平湖有不少曾用名，如蓼儿洼、大野泽、巨野泽、梁山泊与安山湖，直到清朝咸丰年间才正式定名为"东平湖"。"梁山泊"，正是施耐庵《水浒传》中梁山好汉齐聚的八百里水泊唯一遗存水域。

如今的"梁山好汉"们，正在用自己的方式守护这一方水域，东平县护鸟观鸟协会会长陈昌伦就是其中一员。

2023年4月25日封面新闻记者到访，得知我们来自四川成都，陈昌伦说："哎呀，四川有大熊猫，咱们这有鸟中大熊猫——青头潜鸭！等观鸟协会和曲阜师范大学的观测站建好以后，一定要像研究熊猫一样，研究青头潜鸭的生态学、环境学。"

摄影爱好者踏上护鸟路

东平湖西邻京杭大运河，东接大汶河，北通黄河，无论是作为漕运要枢，还是蓄水滞洪设施，作用都举足轻重。

经过近几年的治理和开发，东平湖以及附近河道已经渐渐形成了天然的生态系统，河流、湿地绿意盎然，成为鸟儿栖息的天堂，也吸引了很多观鸟爱好者。

陈昌伦退休前是公务员，退休后，他开始琢磨自己能干点啥事儿。朋友介绍他上了泰安市老年大学学摄影。提到这一茬，陈昌伦很得意："我学得很快，悟性很高。有人上了两年半也没学出个名堂，我上8节课就成了好学生。"

学会摄影后，陈昌伦开着车跑遍中国。南到海南，北到内蒙古，都留下了他的足迹。而真正从事护鸟工作是从东平湖观鸟开始。"我在拍鸟的过程中发现有些人坐船拍鸟，不顾船下的水草里有鸟蛋、鸟巢，开着船来回穿梭。"

2019年冬天，陈昌伦拍到了一只起飞的赤膀鸭，脚上竟带着铁夹子。这一次，他急了："可不得了啊，要向全社会呼吁，呼吁全民保护鸟类！"在陈昌伦和一群志同道合老伙伴的奔走呼号下，2020年3月30日，东平县自然资源和规划局批准成立"东平县护鸟观鸟协会"。

"说实话，我们的积极活动，也推动了相关部门对这个问题的高度重视。我们所反映的问题，他们都大力支持。"

留住濒危的"鸟中大熊猫"

2019年，第一次拍到青头潜鸭，陈昌伦并不认识眼前这种鸟是何方神圣："以前没有见过，一来它是青头红翅，二来它飞起来的时候会发光。"陈昌伦心里特别激动，马上把照片发给专家。经专家鉴定，照片里的小家伙就是青头潜鸭。

"鸟中大熊猫"——青头潜鸭（陈昌伦摄）

青头潜鸭因数量稀少，被世界自然保护联盟列为"极危"物种，2021年被国家林草局和农业农村部认定为国家一级野生保护动物，全球不到5000只，因此被称为"鸟中大熊猫"。

青头潜鸭、红头潜鸭以及白骨顶、黑水鸡在东平湖和谐相处（陈昌伦摄）

根据陈昌伦的跟踪观测记录，2019年冬，东平湖的青头潜鸭达到200多只。而到了2020年，东平湖里的青头潜鸭增长了600多只且冬季过后留守了200多只在东平湖繁殖。此后,青头潜鸭的数量逐年增加。"它属于冬季候鸟,每年来一趟,从去年开始有的青头潜鸭就开始在这'安家落户、结婚生子'了。我们发现了18对,130多只小崽儿。"

2022年1月,陈昌伦拍下了一张照片,橙红色的夕阳之下,密密麻麻地飞来了上千只青头潜鸭。陈昌伦和老伙计反反复复地数,数到最后,发现这张照片里有1664只青头潜鸭。经专家确认,这是目前国内记录到的最大单一种群的照片。

"青头潜鸭对水质和周边生态环境要求非常苛刻,它是飞得最高的鸭子,比一般的鸟敏感,知道哪儿的生态好,哪儿的生态不好。到冬天觅食的时候,本地的白鹭、黑水鸡都跟着它混。这几年环境好了,东平湖的水质、管理都好了,飞来的候鸟越来越多。"陈昌伦开车带记者行驶在东平湖沿线,车窗外,湖面波光粼粼,芦苇与草丛在风中摇曳,用肉眼都可以看到一些栖息的鸟儿。

东平湖成为鸟儿栖息的天堂(陈昌伦摄)

这一切都源于东平湖生态的改变。据东平县林业保护发展中心副主任王宜民介绍,近几年,东平县启动东平湖西岸金山片区生态绿化修复工程,共修复山体面积2100亩,栽植各类苗木45万余株。

未来或将实现青头潜鸭人工繁殖

一个一人多高的迷彩大罩子，外面再伪装一些杂草，就是一个人造的移动隐蔽观测棚，也是陈昌伦观鸟护鸟的重要装备。

经常太阳还没出来，陈昌伦就和老伙计带着"长枪短炮"到选好的地点潜伏下来，观测青头潜鸭的活动轨迹，有时候一待就到了晚上。"冬天零下十二三摄氏度，按快门的时候手都发麻。"说到这些时，陈昌伦一直乐呵呵的。为了寻找最佳观测位置，他在东平湖边爬上爬下，动作麻利敏捷，一点不像70岁的人。

2022年5月22日是国际生物多样性日，由山东省生态环境厅建立的青头潜鸭养护观测站正式投用，为了更好地观测青头潜鸭，观测站在一些水域安装了红外线照相机，对鸟类进行24小时观测。只要有鸟，就可以拍摄3张图片，同时启动录像设备。加上单筒望远镜、长焦相机等设备，青头潜鸭的日常生活状况可谓一览无余。有一次，观测人员发现地上有黄鼠狼粪便，刨开一看，发现粪便中有毛、骨头，"这说明它吃了青头潜鸭的幼鸟了，看来黄鼠狼是青头潜鸭的天敌。"

去年夏天的一个夜晚，陈昌伦接到水文观测站的电话，得知东平湖的水涨了三十多厘米。当时已经是晚上10点多，他顾不上风雨交加，雇了七八个人，租了几条船去摘取红外线相机。回忆起那惊险一幕，他想着的还是青头潜鸭："如果当天晚上不抢下来，这二十多台红外线相机就泡水了，之前的观测也就前功尽弃了。"

陈昌伦很直白地说："只有我们这些真正热爱的人、有奉献精神的人才能做好这项工作，如果是抱着来上班的心情，肯定一事无成。"

目前，观测站联合曲阜师范大学成立了青头潜鸭研究中心。陈昌伦说："只有掌握了科学数据，才有保护它的科学依据，我们一定要像研究大熊猫那样研究青头潜鸭，未来让青头潜鸭实现人工繁殖。"

（封面新闻记者　吴德玉　闫雯雯）

山东夏津古桑树群成"致富树"，至今仍在造福当地村民

　　家里有树不稀奇，家里有桑树也不稀奇，但随便哪户家里都有几棵树龄几百上千年的桑树，你说这稀奇不？封面新闻记者在山东夏津，就目睹了这一奇观。

　　夏津位于大运河边，但在古代，夏津却是黄河沿岸的城市。历史上，黄河主流两次流经夏津，改道后留下了30万亩沙河地，被称为"黄河故道"。人们为抑制风沙、促进农业生产而植桑造林，鼎盛时期种植面积达5000多公顷，现遗存400多公顷，是中国现存树龄最高、规模最大的古桑树群。该系统集农、林、牧于一体，具有防沙治沙、保护生物多样性、利用生物资源、维持农业景观等多功能价值，见证了中国农桑文明发展，于2018年被联合国粮农组织授予"全球重要农业文化遗产"称号。

这里是"全球重要农业文化遗产"（吴德玉摄）

《夏津县志》记载："此间树木繁盛，援木攀行二十余里。"最盛时期，夏津境内的桑树有8万亩之多。

据夏津县委办公室副主任邓美平介绍，夏津黄河故道古桑树群是集中国传统农耕文明之大成者，数百上千年的古桑树依旧根深叶茂，在保持水土之余，古桑树平均年产800斤桑椹、450斤桑叶。目前，古桑树群占地达到6000亩，仅百年、千年古桑树就有近三万棵，这里也成了著名的"中国椹果之乡"。

古桑树群（吴德玉摄）

尤为特别的是，古桑树群目前全部被保护在夏津县黄河故道森林公园颐寿园中，古桑树按历史沿革归当地村民所有，由园区负责日常养护。这相当于政府帮着养桑树，桑树的所有权还是归农户。拥有古树最少的人家，每年纯收入也能达到2万元。政府建桑园，是为了游客采摘方便。每棵古树，政府都会给老百姓补贴35元至40元。

邓美平说，游客在园区内采摘、品尝桑椹不需要付钱，如果吃不动

树龄约1300年的古桑树（吴德玉摄）

了想带走，可以买。

在这里，历经岁月更迭的古桑树，千姿百态，最粗的树干由两个成年人手牵手都围不拢。每到5月，夏津黄河故道森林公园的桑椹采摘一日游便格外火爆。

桑树全身都是宝。桑树的枝、叶、子、根都可入药，其中，长在桑树身上的桑黄，还是非常名贵的中药材。据了解，当地人因久食椹果，年寿逾增。据查，仅西闫一村，九旬以上的老者就有8人，八旬老者则更多，因此，桑树又被称为"颐寿树"。

刚走进西闫村村民闫大哥家里，闫大哥的爱人于大姐就端出一盘桑椹干给我们："快吃，我们自己晒的，干净！"抓一把来尝，没有任何杂质，桑椹干分泌出来的果糖有一种黏舌的甜，很纯粹。

古桑树群（吴德玉摄）

桑椹干甜蜜蜜（吴德玉摄）

　　闫大哥家原先分到了7棵桑树，后来自己又栽了5棵，"现在一共有12棵桑树"。平时，农户外出打工，每年5月至7月，到了桑椹成熟的季节，他们就回来守着桑树，施肥、浇水、除草……用他们的话说，"管理非常简单"，还有专人上门来收桑椹，不用担心产销问题。

桑椹红了（吴德玉摄）

　　周围基本上每家都有几棵上千年的古桑树，"俺家分的这7棵算少的了，分得多的有三四十棵的。按一棵赚3千来块钱算，一年也能挣好几万。新栽的也是一栽就栽活了，一开始桑椹结得少，慢慢长大了，就结

　　得多了。"

　　喝着大运河的水，背靠古桑林。"致富树"带领着当地人民，让生活越来越好，"幸福果"也越来越甜。

"1500年的等待，只为您的到来"（吴德玉摄）

（封面新闻记者　吴德玉　闫雯雯）

开天河

新　生

引言

在千年的历史洪流中，大运河如同一条生命之线，贯穿时空，见证了中华民族的发展。古时，它是水路交通的"大动脉"，维系着各地商贸往来与文化交流，承载了无数繁荣与辉煌。岁月流转，尽管它曾一度沉寂，但历史的烙印与文化的底蕴始终未曾褪去。如今，随着时代演进，古老的大运河正不断焕发出新的生机与活力，续写出一个个"新生"篇章。

1980年，苏南运河连通长江的新门户——谏壁船闸正式运行。它被誉为现代"江南运河第一闸"，依靠现代化的管理系统，实现了92万吨的单日最大船舶通过量，令大运河持续为我国的水运经济贡献力量。2023年6月，京杭运河苏南段航道"三改二"暨谏壁一线船闸扩容改造工程开工仪式和建设动员会的举办，预示着谏壁船闸将迎来新一次的提档升级，预计将于2025年成为"世界内河最大单梯级船闸"。

2018年，容量巨大的现代化粮仓仁和粮食储备库动工，"落子"京杭大运河沿岸。这座粮仓除了建有大规模的储粮设施外，还专为乘运河而来的粮食们修建了"VIP"码头。正式投用后，它将主要用于接收来自江苏、安徽、河南、山东等地水路运送的粮食。而这座粮仓的建设，映射出大运河仍是中国"南粮北运"的重要航线，对我国粮食的运输仍具有重要意义。

2022年，阳光与风驱动的绿色驿站"钱码头水上综合服务区"在运河沿岸崭露头角，为古运河增添了新的底蕴。这座现代"水上驿站"不仅具备船只服务的功能，还被赋予了低碳环保、数字化管理及人文关怀等新使命。它利用新能源发电装置，实现低碳运行；建立数字化系统，对船舶停泊管理进行智能优化；开设船员驿站，为"船老大"们的生活提供便利。

2023年，大运河的"新生分支"京杭运河杭州段二通道通航。这条全长26.4千米的年轻新河道，历时6余年，从杭州市北部临平区土地中被"凿"出，成了京杭大运河与钱塘江"握手"的又一通道。它汇集了建筑信息模型（BIM）、数字孪生、大数据分析等科技力量，不仅拓展了古运河的功能，更在"大运河精神"的指引下，在现代技术的支持下，被赋予了"生态环保""智慧化""数字化"等更多新特点……

多年来，大运河的"新生"故事不断延展，这不仅是对历史的致敬，也是我国科技飞速发展的证明。相信在未来的日子里，大运河将继续流淌在中华民族的历史长河中，见证我们的成长与进步。而我们，也将依托古老的运河，继续建设独有的历史与文化，书写属于中华儿女的故事与传奇。

"第一闸"又现江南，藏族小伙成了"守闸人"

　　骑上一辆共享单车，从镇江地标西津渡旁的京口闸遗址出发，不到两小时就能到达谏壁镇。

　　这短短的16千米，是古代江南运河第一闸到现代江南运河第一闸的距离。

谏壁船闸鸟瞰图（江苏省谏壁船闸管理所供图）

昔日繁忙的渡口已成遗址，但老祖宗的智慧绵延千年，仍泽被后世。

镇江在历史上被称为京口，共有五处通江口：大京口、小京口、丹徒口、甘露港、谏壁口（又称越河口）。这几个通江口都是船舶通航和引来江潮水的设施，它们并非建于一朝一夕，而是在漫长的岁月中，经多个朝代不断开挖疏通修建而成。

大京口当时设置有5座水闸，组成一组四级船闸，便于运河与长江水道的通航。这一技术比西方早了至少400年，至今仍在使用。

大浪淘沙，种种过往，在历史长河中凝结成贝。

"古代第一闸"重现天日 千古名篇的时代注脚

北宋熙宁八年（1075年），退隐南京多年的王安石又一次被起用，进京拜相，他在京口（镇江）北渡长江，由瓜洲转入运河水系直达汴京。停留瓜洲时，王安石写下千古名篇《泊船瓜洲》：

> 京口瓜洲一水间，钟山只隔数重山。
> 春风又绿江南岸，明月何时照我还。

而在王安石到来的前一年，熙宁七年（1074年），尚不叫"东坡"的苏轼，意气风发，从杭州坐船前往密州（今山东境内）任职，并于两年后的中秋，在密州写下那首传世之作《水调歌头》。

穿过这条命运的河，王安石与苏轼命运的纠葛层层递进。

数百年来，作为漕运咽喉，京口闸见证过数不尽的繁华，却也逐渐消失在历史的尘埃之中。

2011年的一次考古勘探中，镇江博物馆研究员霍强也没想到，淤土之下，就是见证了镇江水运繁华的"古代江南运河第一闸"。

"2011年8月到12月，镇江博物馆与南京博物院组成联合考古队，对约90000平方米的范围进行了考古勘探。在勘探的过程之中，就在现在发现的京口闸的位置，发现了一些石头的遗迹。"作为一线考古队员，霍强回忆起当时考古发掘的过程，一切历历在目，"一开始也不知道是京口闸，经过勘探之后，发现旁边有淤土，于是我们就怀疑会不会是河岸。做了土层的解剖工作后，发现部分遗存，查阅了一些史料之后，推断这可能是京口闸。"

这个发现，让霍强和他的同事们感到非常兴奋，因为京口闸作为"江南运河第一闸"，曾出现在很多的历史文献之中。更重要的是，这个遗址的发现，是大运河镇江段在唐代就有堰（闸）且一直沿用到清代的实证。

"京口闸被称作'江南运河第一闸'是有原因的，是由地理位置所决定的。"霍强说道，"它是大运河江南段和长江的交界口，出了京口闸向北就是长江，过江即是扬州。京杭大运河的江南运河段，就是从这里开始的。"

王安石虽然数次穿越京口，但他没机会体验当时领先世界的水闸系统。反倒是与他"相爱相杀"的苏轼从儋州北归时，有可能见过京口复式船闸。

为了解决江水河水落差大、运河与长江之间的通航问题，在北宋元符二年（1099年）——王安石去世后13年，苏轼去世前2年，由两浙转运判官曾孝蕴主持修筑的集复式船闸与蓄水设施于一体的京口澳闸系统工程完工。

这个巨大的水利工程兼有通航、蓄水、引水、引潮、避风等多种功能，通过自北向南一字排列的京口闸、腰闸、下闸、中闸及上闸5座水闸，组成一组四级船闸，并在附近开挖积水澳和归水澳，用来调节船闸水位。

至今，包括三峡大坝等许多大落差的水坝，仍在使用该原理进行水位调节。

16千米外又现"第一闸" 藏族小伙成了"守闸人"

京口闸作为古代"江南运河第一闸",命运多舛,几经废弃又多次修缮,一直到1929年在原河道之上修筑马路,取名中华路后,"江南第一闸"才正式结束它的历史使命。

51年后,在距离京口闸16千米之外的谏壁镇,一座现代化的船闸又现江南。这座新船闸地理位置突出,在水运经济发展中起着重要的作用,是苏南运河连通长江的门户,迅速成为新时代的"江南运河第一闸"。如今,依靠现代化的管理系统,谏壁船闸单日最大船舶通过量达92万吨。

来自拉萨的"95后"藏族小伙扎西桑珠是谏壁船闸创造历史的见证者之一。3年前,他通过区外就业来到谏壁船闸就职,成为新一代运河"守闸人"。

"我的日常工作就是在调度室里,通过电脑对进入船闸内的船进行调度,看监控来进行排档。"扎西桑珠是谏壁船闸的一线调度员,日常的工作是对往来船只进行审核、调度,保障船只能够从船闸内顺利通行。"我们船闸全年365天都是24小时放行,除了特殊原因,主要是天气原因,基本上都是满载运行的。"

刚来的时候,扎西也吃过一些苦头:"我这个工作平时就是跟船员打交道,因为调度这个岗位会有很多船员来电话,而大部分船员都是年纪稍微大,说着一口当地方言的,我听不懂,有时候沟通起来有些困难。"

不过,在爱学习的人面前,困难并非难以突破。

扎西桑珠在工作中

　　船只调度，一个看似并不需要专业对口的工作，背后却是一代一代"守闸人"的传帮带。扎西桑珠跟着船闸的"老师傅"们学习到了很多："我发现调船的经验蛮重要，虽然操作看着简单，还是得仔细地看，得跟在老师傅后面学。"

　　比如说放通闸的时候，用肉眼看水流的流速并不直观，老师傅就会把纸捏成一团，扔进闸室里，观察水流，扎西桑珠也把这些技巧暗暗地记了下来，慢慢摸索，慢慢成长。

　　"当我亲眼看到大运河的人文历史和大运河带来的经济社会的发展，看到了数以亿计的货物由船舶运输到全国各地，想到自己作为来自高原的人能为长江流域的平安和发展贡献一份力量，我的心里就像有一把火苗燃烧起来。"

　　水与火不能互融，却能锻造热血青春。

谏壁船闸将再度焕新　大江大河再创奇迹

与江南运河隔长江相对的，是大运河江北运河段。古河道在三湾区盘旋了一个"几"字，再直奔瓜州渡口，汇入长江。

如今，中国大运河博物馆便屹立在"几字湾"上。展馆前言里，写着这么一句话——"大运河，不是生母，就是乳娘！"

在几千年的历史长河中，大运河的命运曾经跌宕起伏，但正如她哺育的中华儿女一样，在新时代焕发出了蓬勃的生命力。

京口闸的考古发掘工作结束后，2022年1月，京口闸遗址展示区正式对外开放。在室外的遗址区，可以看到明清的石路、清代的碑亭、明清的闸墩、明清的码头等，在明清时期的遗址之下，还有宋代、唐代的遗迹，成为大运河养育中华文化的又一例证。

2023年，由中国报纸副刊研究会组织的"行走大江大河　书写水韵江苏"主题采风团近两百名来自全国各大报纸副刊的编辑记者来到谏壁船闸参观。

已经运行了42年的谏壁船闸，在2023年6月迎来新一次的提档升级。6月8日，江苏省政府在镇江举行京杭运河苏南段航道"三改二"暨谏壁一线船闸扩容改造工程开工仪式和建设动员会，标志着打造更具特色的"水运江苏"建设拉开大幕。到2025年，谏壁一线船闸将成为"世界内河最大单梯级船闸"。

"改造之后，谏壁船闸将会成为大运河上船闸改造的一个'模子'，未来，其他区域的船闸改造将会以它来对标。"扎西桑珠的语气里充满着骄傲。

不久之后，扎西桑珠还会在镇江迎来"贵客"，那是来自3000千米之外、海拔4000米雪山上的来宾——"我准备让父母都过来看一看，玩一下，他们还从来没有来过镇江。"从世界屋脊到大运河上的"江南屋脊"，扎西桑珠的父母能够看到儿子的成长与变化。

扎西桑珠说，到时候在镇江的住所里，会飘起酥油茶的香气，还会充满妈妈的唠叨。

大运河丹阳段（陈辉摄）

（封面新闻记者　谢梦　闫雯雯　吴德玉）

大运河百年首次全线通水第二年，他才领悟到按键瞬间的荣光

点开搜索引擎，输入"北方都江堰"，会跳出几个不同的名字，出现频次较高的都在山东：济宁市汶上县的南旺水利枢纽、泰安市东平县的戴村坝、德州市武城县的四女寺水利枢纽。

这种代称，一方面是由于都江堰水利工程跨越了两千年的历史长河，仍旧长盛不衰，至今仍在发挥着重要作用，是中国水利工程史上的伟大奇迹，是世界水利工程的璀璨明珠；另一方面则体现了当地人想要利用好水资源，改造自然，实现大运河水系贯通的朴素愿望。

京杭大运全长1794千米，其中山东段的长度为643千米，虽然比起长度最长的江苏段短了40多千米，但由于悬河黄河的存在，山东段是大运河修建难度最大的河段，拥有多处水利枢纽。

2022年4月28日，当德州小伙赵广伟按下节制阀开启的按钮，随着清冽的河水顺着节制闸缓缓从河流入南运河，京杭大运河实现近百年来首次全线通水。而那一刻的荣光，在2023年4月4日四女寺水利枢纽再次提闸，向南运河提闸放水的时候，作为"旁观者"的他才真切体会到。

百年首次：德州小伙开启大运河通水的闸门

北方的春总是要来的晚一点。

山东人把"泡桐"叫"梧桐"，当南方的泡桐早就落得只剩枝丫时，武城县四女寺水利枢纽的"梧桐花"还在一树树地开，槐花也还未

败，略带甜味的淡香在空气中交织。

2022年4月28日，也是泡桐花开的时节，赵广伟如常摁下按钮，四女寺水利枢纽开闸放水的那一刻，他丝毫没有意识到自己在中国百年历史上轻轻画下了多么重要的一笔。

在他看来，那只是日常工作中无比寻常的一刻，也是无数次演练后的一次实操。

"我们是根据上级的统一调度计划，执行上级的调度命令，按照时间要求，打开了闸门，全线贯通了大运河的水源。"

2021年8月，赵广伟被招录到水利部海河水利委员会（简称海委）漳卫南运河四女寺枢纽工程管理局工管科，由于当年夏秋季节有过几次洪峰，他并没有看到漳卫运河枯水的样子。"从这点来说，我是很幸运的。我听同事们说，以前在枯水季节的时候，漳卫运河目之所及之处，几十米宽的河道之中，长满了杂草，只有浅浅的一道水滩，毫无生气地淌着，河道里还能跑车。"

他形容的那荒芜一幕，与记者眼前奔腾的流水大相径庭，让人诧异亦雀跃。

四女寺枢纽是京杭大运河南运河的起点，同时也是这次全线贯通补

2021年5月，枢纽闸前卫运河（漳卫南运河四女寺枢纽工程管理局供图）

水中三个水源的聚集地。2022年4月28日上午10点,四女寺枢纽南运河节
制闸正式开启,河岸两旁以及水利枢纽的人行区域上聚集的群众中,迸
发出了如雷的掌声。

　　长江和黄河在这里握手,从南水北调东线北延工程引过来的长江
水,与4月中旬通过潘庄闸引过来的黄河水汇聚到一起,奔向了南运河,
开启了百年来大运河的首次全线通水。

　　"其实当时在里面的确感觉不太深刻,就觉得自己只是干好了自己
的日常工作。"赵广伟说,他所在的部门除了放闸之外,还有日常巡查
检查、维修养护,确保水利工程以及河道的安全,比较忙碌。"一开始
感觉跟日常调度一样,一直到后来看到了新闻报道和直播,才知道自己
干了一件多么有意义的事情。"

按下百年通水按键的德州小伙赵广伟(闫雯雯摄)

四女寺枢纽航拍（漳卫南运河四女寺枢纽工程管理局供图）

奔腾千里：长江与黄河之水在此相遇

要在大运河全线实现通水，难度之大，世间罕见。

中国的水资源分布严重不均，南方水资源较为丰富，因此早在春秋时期吴王便开凿了世界上有记载的第一条人工运河；而北方地区河流的变化更大，受到季节的影响更为严重，加之1855年黄河改道带来的悬河问题，让京杭大运河被黄河拦腰斩断。再加上随着人类生产生活的发展，用水量日益增加，大运河的水量肉眼可见地变少了。

如今已经79岁的王和平老人告诉记者，从20世纪70年开始，他目睹了大运河是如何断流的："一开始不是断流，是水少，这样的状态持续了大概10多年的时间，就没水了。在那个时候我心里非常不高兴。"但他一直相信，这样的情况不会持续太久，大运河一定会一天比一天更好。

"过去为啥不贯通？因为没水啊！"四女寺枢纽工程管理局党委书记张如旭说，京杭大运河黄河以南一直到扬州段，一直都比较畅通，但是黄河以北长时间干旱断流。"之所以叫百年首次贯通，就是贯通的从四女寺水利枢纽开始的南运河一直到北运河这一段。"

　　实际上，大运河全线通水并非一蹴而就。早在2010年，为了满足天津市供水需求，国家决定新建引黄济津应急输水工程，黄河水通过在四女寺水利枢纽的倒虹吸穿越漳卫新河后进入南运河。2019年4月24日22时05分，跨越江苏、山东两省十余市，行程千里的长江水通过倒虹吸工程流入南运河，向着天津奔流而去。长江水和黄河水首次共同注入南运河，则是在2021年5月，南水北调东线引来的长江水，与黄河水在倒虹吸工程南2.5千米处合流，两水相会，实现了长江和黄河水首次在大运河上相汇。

　　2023年，水利部再次启动京杭大运河全线贯通补水工作。补水于3月至5月实施，在2022年京杭大运河实现百年来首次全线水流贯通基础上，进一步发挥南水北调东线工程综合效益，向京杭大运河黄河以北河段集中补水，补水时长较2022年延长约一个半月。

　　据张如旭介绍，通过补水，大运河的河道水资源条件得以改善，河道周边亏空的地下水得到回补。其中整个漳卫运河沿线五千米内，地下水位已经抬升了1.33米。

船闸，南运河冬季景色（漳卫南运河四女寺枢纽工程管理局供图）

科技之河：在最高点修筑"北方都江堰"

"让运河常年有水"不仅仅是现代人的愿景，早在古代就已经成为皇帝给大臣下达的"关键绩效指标"。为了给大运河补水以达通船的目的，古人们在大运河上修建了诸多水利工程。

距离四女寺水利枢纽约230千米之外的汶上县南旺镇，坐落着大运河58个遗产点中的一个——南旺枢纽工程。这里位于大运河全线最高点，被称为"运河水脊"，常因为水量不足而断航。明永乐年间，工部尚书宋礼、刑部侍郎金纯以及当地水工白英等人，在50千米外的戴村修建大坝截汶济运，成功解决了京杭大运河"水脊"缺水的难题，而南旺枢纽工程也被称作是"北方都江堰"。

汶上县文物保护中心刘健康副研究馆员小时候就住在距离现在遗址保护区域三四里地的地方，古河道曾经是他的游乐场："我小时候就在河堤上住，每天就在河里玩，不过那个时候河里已经没有水了。"

如今，刘健康已经进入文物部门工作了三十多年，一点点看到了大运河的变化："我们现在所处的位置是运河的遗址区，以前开了很多窑厂，也有不少居民居住在这里，对于遗产点的保护不利。"

自从大运河申遗提出之后，国家文物部门联合地方对于南旺枢纽工程遗址区进行了大规模的环境综合治理，关停了窑厂，并且将周边居民们整体迁出了遗址区。山东省文物考古研究所、济宁市文物局、汶上县文物旅游局对南旺枢纽工程遗址进行了不间断的考古发掘，分别对分水龙王庙建筑群古遗址、运河砖砌河堤、许建口斗门遗址、邢通斗门遗址、柳林闸和寺前铺闸等遗址进行保护性考古发掘，该项考古工作还入选了"2011年度全国十大考古新发现"。

随后，包括大运河南旺枢纽博物馆、古建筑群和古河道遗址在内的国家考古遗址公园完成建设，成为大运河上一颗耀眼的明珠。

再次通水　水质好了鱼也变多了

2023年4月5日，清明节，在主祭官"砍杩槎，放水啰！"的号令声中，岷江之水从都江堰缓缓流向成都，开启了一年一度的春灌。

就在都江堰放水节的前一天，四女寺水利枢纽再次提闸，向南运河放水。那一天，天空下着小雨，微微有些冷，但赵广伟站在操作室看着同事进行了提闸放水的操作，心里热乎乎的："自从知道了这件事有多重要之后，感情不一样了。"

当闸门打开的那一刹那，赵广伟凑到窗前往下看，眼前的情景让他非常激动："开闸的一瞬间，闸门下游的很多鱼，就像是鲤鱼跳龙门一样，跳了起来。去年没有那么多鱼，今年水质变得更好了，鱼也越来越多了。"

在赵广伟感叹"鲤鱼跳龙门"的同时，南旺新村佳苑社区的居民们穿过遗址公园的大门，走向家的方向。确定了南旺枢纽的保护方案之后，当地在遗址公园后面修建了一个全新社区，安置搬迁的居民，小区与遗址公园仅一墙之隔。

居民们只要走出家门，便可以来到遗址公园参观、散步，这里就像一个后花园。更重要的是，他们可以穿过遗址公园的东西大门，往来于大街和社区之间，不需要绕路回家。

大运河从来不曾离开，人们在用自己的勤劳与智慧，为祖先留下的璀璨遗产赋予旺盛生命力，生生不息。

（封面新闻记者　闫雯雯　吴德玉）

一座无中生有的运河港口

东经116度，北纬35.8度。

在地图上输入这个坐标，很快锁定到山东济宁市梁山县。

《水浒传》里，柴进对林冲说水泊梁山"是山东济州管下一个水乡，地名梁山泊，方圆八百余里……"

梁山港，正位于《水浒传》故事的发祥地济宁市梁山县城以北，倚靠着梁济运河。

无中生有的梁山港（闫雯雯摄）

　　梁济运河，本身就是一个平地开河的奇迹。20世纪50年代末，为了解决京杭运河山东段通航问题，国家对于京杭大运河山东南段实施了大规模改线工程，梁济运河应运而生，成了京杭大运河一段崭新的河道。

　　梁山港的命运与梁济运河一脉相承，甚至在几年前，还仅仅只是一片荒芜的水洼地。

挖通17千米河道，成就大运河最北港

　　梁山港是目前京杭大运河通航河道的最北端，坐落于梁济运河岸边，西连我国重要的煤炭资源运输通道——瓦日铁路，与国道G220、董梁高速紧紧相连，煤炭通道四通八达，占据了西煤东运的重要位置，吸纳晋陕蒙优质煤炭资源，具备1500万吨到2000万吨的吞吐能力，已经成为连接西部煤源产地和长三角经济区的重要港口物流枢纽。

　　曾经是一片水洼的梁山港赓续着大运河血脉中最纯粹的基因——"无中生有"。

　　我国"西煤东输"重要的运煤铁路——瓦日铁路在2014年建成通车后，梁山便成为瓦日铁路与京杭运河联通的咽喉要地。由传统煤电产业发展起来的济宁能源，把建设公铁水多式联运的梁山港作为新旧动能转换的重要突破口，开挖了17.1千米航道，建设了9.18千米铁路专用线，使世界第一条按30吨重载铁路标准建设的瓦日铁路与京杭运河在梁山县"手挽手"，打通了"工"字形多式联运的大通道。

　　2021年4月9日，山东济宁的梁山港公铁水多式联运正式通航，不仅标志着我国黄河以南的京杭大运河河段全部实现通航，也成为山东煤炭保障供应的"主力军"和连接西部煤源产地与长江三角经济区的重要港口物流枢纽。

　　2023年4月25日，封面记者前往采访时，恰逢梁山港刚满两周岁。梁山港的通航不仅为济宁市对外货物运输增添了新的重要通道，也为周边沿京杭运河城市经济发展注入了新活力。

轻触按键，4分钟卸完160吨煤

你永远可以相信人类，相信人类为了改变命运在与天地不懈争斗时迸发出的智慧花火。

在位于聊城的中国运河文化博物馆中，介绍漕河夫役的资料提到：根据水文形势的不同，明清两代于运河不同河段设置了类型多样的漕运夫役。运河河夫的常见类型有闸夫、浅夫、溜夫、坝夫、埽夫、泉夫、湖夫等10余种，河夫管理体制严密。明代主要有老人制、小甲制两种组织形式。

试想一下，如果一次卸两节火车皮的煤炭，需要多少人力和时间？

几百年前看似不可能的任务，在当下，只需要一个女孩轻点一下鼠标，两节运煤的火车车厢连同铁轨将同时被旋转180°，车厢内的煤块就会瞬间被倾倒一空。

这是山东济宁梁山港铁路专用线配套建设的"万吨列车智能卸车机房"。

梁山港工作人员刘壮向参观者耐心细致地讲解，这套设备是采用国内最先进的折返式双翻卸车机卸煤，万吨重载大列2.5小时即可卸完，每天可接卸煤炭10万吨以上，效率比传统的卸车方式提高近10倍；同时，配套使用的干雾除尘技术能大幅度抑制卸车过程中产生的煤尘影响。

梁山港智慧调度中心（吴德玉摄）

"万吨列车智能卸车机房"的花式卸煤（闫雯雯摄）

记者抵达时，翻车机正在卸煤。只见2号翻车机紧紧抱住两节火车车厢，轻轻旋转180°，满载着煤炭的两节火车车厢瞬间洒下160吨煤炭，与此同时，智能干雾喷洒系统应声启动，不等煤尘扬起，煤炭就已经被水汽包裹投入煤仓池；紧接着，火车翻车机又反转180°恢复原位，空火车车厢被拨车机推出了2号卸车机……

在智慧调度中心，梁山港工作人员苏曼向封面新闻记者演示了"万吨列车智能卸车机房"的花式卸煤，她密切地注视着电脑屏幕，根据屏幕显示按动鼠标，一次可卸两节火车车厢，用时4分钟，整个过程一键操作。

面对参观者吃惊的表情，苏曼非常淡定，因为对她来说，这只是一个再平常不过的操作。

接受挑战 他在全新领域不断提升

梁山港另一大奇观是亚洲最大跨度的钢结构储煤棚。煤棚占地203.96亩，总长度为660米，总高度为52.8米，在储煤高峰时段可同时容纳90万吨煤堆放，被称为亚洲最大的、不生产煤的"地上煤矿"。储煤棚内配备了最先进的自动化悬臂式斗轮堆取料机，每台每小时可堆取煤炭2500至3000吨。

储煤棚内部全部采用了智能喷淋系统，能有效抑制煤场内扬尘，实现了煤炭绿色环保存放。棚内拥有14台雾炮，用于煤棚抑尘系统。储煤棚在实现环保储煤的同时，也满足了全天候生产需求，使煤炭运输效率大大提升。

亚洲最大跨度的钢结构储煤棚（吴德玉摄）

聆听了刘壮的讲解，作为参观者，我们很惊讶，一是惊讶于梁山港的壮观和不可思议，二是惊讶于讲解员刘壮的超强业务能力，他的讲解绝非结合讲解词的泛泛而谈，对于参观者随时抛出的提问都能应答自如，对梁山港的方方面面更是了如指掌。

他是山东人济宁人，在成都理工大学毕业后，又回到梁山港工作。从成都到梁山有1500多千米，刘壮兜兜转转，又再次回到起点，他刚来这里的时候，梁山港还叫济矿物流，当时属于基建期，还没有正式通航，迫切需要一个可以向大家现场讲解推介梁山港发展的人。学播音主持且在成都市广播电台有工作经验的刘壮成了不二人选。虽然有点忐忑，但刘壮欣然接受了这份工作："第一是具有挑战性，第二是极具探索性，能够让我探索一个未知的区域。"

从2020年10月28日至今，刘壮带着心中的疑问来到梁山港担任讲解员，一路也见证了梁山港的发展。"从梁山港的建设到发展，我都慢慢去了解，讲得多了，自然就记得多了。讲解中遇到的困难一是当时我算是一个门外汉，从零开始，要熟练掌握大量的专业术语；二是因为梁山港备受关注，前来参观的各级领导和部门特别多，对我的心理素质也是一个极大锻炼。"经历的场合多了，刘壮慢慢克服了各种困难，加之自己同时兼任行政秘书这一工作，经常参加各种会议，对梁山岗的里里外外更加熟悉。

2021年4月9日，梁山港建成通航，刘壮经历了梁山港一步一步大跨越、大发展的阶段。如其所言，"港航事业的高质量发展让我倍感振奋。"

沟通江河，智能化系统跟踪物流全程

2022年港口大事记中，"江北内河港口首个智慧园区平台建成"位列2022年6月份大事记首位，讲的就是我国江北内河港口首个智慧园区平台在梁山港建成。

梁山港智慧园区平台一张图系统包含了首页园区三维实体模型、智慧生产、设备管控、安全监测、人员定位、消防应急、环保检测七大模块。这既是一个调度中心，也是一个智慧中心和操作中心。中心可以模拟实施煤流路线，在过程中不断进行匹配，推荐三条最优路径，节约时间成本，提升效率。

据刘壮介绍："系统还包含了园区的作业区域、视频监控、消防管网、大机设备、实时定位等17个图层，将园区各个区域的实际情况进行实时展示。"

虽然刘壮曾在读书时被成都的开放与包容深深吸引，但他现在更喜欢坚守在家乡，给大家讲好梁山港的故事。他直言："我要把济宁的港航经济建设发展成就传递给到这儿来的每一个人，让大家更好地了解港口发展。"

（封面新闻记者　吴德玉　闫雯雯）

一条传承古运河精神的现代运河

　　2023年7月18日上午，伴随着八堡船闸23米宽的千吨级双线船闸闸门缓缓升起，大运河的"新生分支"京杭运河杭州段二通道（以下简称"运河二通道"）正式通航。

八堡船闸航拍图（杭州交投建设管理集团运河二通道建管处供图）

　　作为世界文化遗产的中国大运河是全球里程最长、工程最大、历史最悠久的人工运河，也是唯一贯穿我国南北的水运主通道，是先人毅

拱宸桥下的"老运河"即中国大运河中的京杭大运河（谭羽清摄）

力、智慧与科技的集大成之作，彰显着先祖们不屈服于困难的奋斗精神，接受挑战并能战胜挑战的创造精神。

而运河二通道，这条全长26.4千米的年轻新河道，历时6余年，被从杭州市北部临平区土地中"凿"出，成了京杭大运河与钱塘江"握手"的又一通道。它汇集建筑信息模型（BIM）、数字孪生、大数据分析等科技力量，不仅拓展了古运河的功能，更在"大运河精神"的指引下，在现代技术的支持下，被赋予了"生态环保""智慧化""数字化"等更多新特点。

平地开河 鱼入"新家"：一条有难度亦有温度的新运河

运河二通道流淌的碧波上，千吨级货轮匆匆驶过，水面之下的鱼儿则在这条平地开凿出的宽敞"新家"中繁衍生息。很难想象在7年前，这条河道所到之处还是一片平坦的土地。

运河二通道航拍图（杭州交投建设管理集团运河二通道建管处供图）

　　"二通道的建成可以说是'平地开河'，建设工作相当复杂。"当问及河道工程的建设难点时，杭州交通投资建设管理集团运河二通道建管处副处长兼总工程师石德富表示运河二通道穿越了2条地铁、2条铁路、3条高速及百余条道路和管线。而在过去的6年中，有数不清的问题挡在工程推进的过程中。

　　这些难题包括但不限于：确保运河建成后不让两旁居民"为河所困"；让河道上的部分桥梁能作为高速公路使用；在运行中的地铁上安全开挖河道；途经铁路的改建；途经文化遗址迁移等。

　　抱着建成运河二通道的决心，项目建设者将这些难题一一解决。只见23座极富现代美感的跨河大桥先河道一步落成，部分大桥还达到了高速公路的建设标准；对周围地层扰动小的全方位高压喷射法（MJS，Metro Jet System）被运用于挖掘处于地铁上方的河道，确保在施工过程中地铁线路盾构位移不能超过2.5毫米；与新运河相交的原沪昆铁路线被抬

升改建，而为了保证铁路运行不中断，400多名建设者在260分钟内争分夺秒完成改线拨接；工程施工计划延迟半年，将新运河开挖必经之路上的古海塘遗迹迁移至8千米外的古海塘公园进行保护展示……

在这样一个复杂而庞大的工程中，除了新运河沿岸人类居民的感受被顾及，"自然居民"的生活也被周到地考虑在内。

"我们河道上还建设了'生态护岸'，供河中的鱼产卵。"据石德富介绍，运河二通道水面下的河道两壁并不是平整的，而是打了许多圆筒仓形式的小孔，"水面上货船来来往往，会产生很多噪声干扰，对鱼类生长有一定影响，因此我们特地做了这些小孔，它们躲进去会比较安静。"

可以说，参与运河二通道建设的人们，在克服种种困难和挑战的过程中，再次用自己的智慧和双手，重现了先人们修建大运河时迸发出的奋斗精神、创造精神，并为运河赋予了人文关怀、生态环保等更多新内涵。

运力提升　"碳排"减少：一条增加经济效益亦增加环境效益的新运河

资料显示，2020年以来，杭州航段船舶过闸量破亿吨，且这个数据还在逐年增长。2022年，杭州航段三堡、新坝和富春江船闸的年过闸量达1.17亿吨。

"要建设交通强国，水运强省，老运河运力是远远无法满足我们的交通需要的。因为，现在大吨位的船只越来越多，老运河的水运设施，如航道、船闸等难以满足通航需求，而且因为地理位置、文物保护等因素，这些设施无法进行改善。但运河二通道的建成，就将解决这些问题。"在接受记者采访时，石德富表示对运河二通道的正式投用充满了期待。

而当下，这条新航道上的场景已如石德富所想的那般，能看到一艘艘庞大的千吨级船舶，满载着煤炭、粮食、油品、钢材、矿建材料等生活物资或大宗物资顺水前行。据测算，随着运河二通道通航，京杭运河杭州段的航道等级达到三级，杭州内河运力将直接提高40%。

"我这次差不多可以节省一半的时间就能到嘉兴了，二通道通航，对于我们跑船的人来说真的太好了。从钱塘江进内河距离更短，我们油耗也省了很多，时间也快了很多，节省了我们很多运输成本。"一名已有20年跑船经验的"船老大"在接受杭州当地媒体采访时如是说，当日他载了近千吨的矿渣从建德驶往嘉兴。

除了提升航运经济效益，保障社会物资的稳定运输外，运河二通道的开通对生态环保也有着重要贡献。"水路运输是一种较为环保低碳的运输方式，同样1000吨货物，通过传统车辆运输相较船只运输，会消耗更多的油。"石德富表示，水路运输，具有运能大、占地少、能耗小、污染轻、成本低等优势。

根据英国克拉克森研究机构对集装箱运输工具碳排放强度的研究数据，每百万吨千米的碳排放量，水路运输仅为公路、铁路、航空运输的10%、8%、2%。经杭州市公路与港航管理中心测算，从杭州下沙港至宁波港，每10万个标准集装箱可减少二氧化碳排放约1.5万吨。如果杭州港区所有集装箱码头达到最大吞吐量60万标箱/年，预计全年可减少约10万吨碳排放量。

智慧建设　数字赋能：一条见证时代发展亦成为工程榜样的新运河

中国大运河于公元前486年开挖，由古时工匠靠人力一点点建成，而近些年动工的运河二通道，则是由诸多现代化机器开凿而成。但其中不变的内涵是，这两条运河都见证了时代发展，是当时、当下人类智慧和工程技术的闪耀结晶。

在工程领域深耕几十年，切身体会了杭州水利建设技术发展的石德富，对此深有感触："在建设老运河市区段时，我们的施工器具比较落后，很多都是靠人力操作的，土方运输车辆就是东风牌的5吨卡车。而现在，我们砂土的土方储运都是采用泵送，使用管道将它们送出工地，这不仅减轻了城市的交通压力，还更加环保。20世纪80年代初我参加工作时，这些技术根本无法想象。"

不仅有现代工程中常见的"泵送土方"技术，目前在我国几乎所有领域都欣欣向荣的"智慧化""数字化"技术更是贯穿运河二通道建设的前中后期，为这项工程的科学建设以及后期管养赋能。

据悉，在建设过程中，运河二通道集成化应用了基于5D-BIM的航道智慧建设、航道数字孪生建造、基于BIM的船闸数字化管养3项技术，这对提升航道建设科技水平和创新建设理念、提升航道和船闸管养水平都具有重要意义。

"比如在这些技术的辅助下，我们已经实现了航段全段面的监控，主要监控航道上的船舶流量、通行情况。这些数据会直接传输到我们省港航中心，有助于实现远程船舶调度，合理规划船只停泊、过闸时间和顺序。"石德富举例道。

此外，运河二通道工程的航道数字孪生建造，还将为今后类似的工程起到示范、参考作用，帮助它们缩短建造周期。"运河通了之后，我们就开始复盘整个项目的建设，看当时哪些地方走过弯路，哪些关键节点时间没有把控好。在之后碰到类似的情况，我们可以避免这些弯路，或者规划将相关工程提前开始。"

采访的最后，当记者问到作为杭州运河边的居民，是否会对它们有着一些浪漫情怀时，石德富有些腼腆地表示："我们搞工程的，没有那么多浪漫的事情。"

但他认为，能参加新、老两条运河的建设是非常荣幸的："这是很难得的机会。其一，盛世修河。其二，运河是'千年运河'。一般的公路，可能随着时间的推移而面临改道等，但运河一般是不会改的，尤其是我们杭州的这条运河，我相信它将像它的前辈——中国大运河一样流传千年。"

据《杭州市综合交通专项规划（2021—2035年）》显示，京杭大运河杭州核心城区段的一般货运功能将逐步弱化，转而重点发展水上客运、旅游及城市生活物资运输功能。如今，运河二通道建成，古人修建的"老运河"与今人修建的"新运河"完成"使命交接"。未来，新老运河的各司其职，不仅能促进浙江水运的发展、提升，还能更好地保护作为世界文化遗产的"老运河"，让它能更好地传承绵延千年的运河文化和运河精神。

"老运河"上拱宸桥边的风景（谭羽清摄）

（封面新闻记者　谭羽清　荀超）

千年光阴下的"漕运粮仓"科技成色

运河边的现代粮仓如何智慧储粮？

为漕运提供通道是中国大运河的基本功能。许慎在《说文解字》中解释道："漕，水转谷也。"即漕运就是通过水路运输谷物的一种形式。而为了适应漕运需要，中国大运河沿线的众多粮仓也就"应运而生"了。

资料显示，运河上的仓储设施展现了不同历史时期在大运河关键节点设置的仓储设施体系规模和形制，见证了大运河作为国家漕运通道的

富义仓（荀超摄）

主体功能，也展现出了不同时期的粮仓建造与粮食保存技术。其中，有隋唐大运河沿线的含嘉仓、回洛仓、黎阳仓等地下粮仓，也有京杭大运河沿线的富义仓、南新仓等地上粮仓。这些样式不一的粮仓在历史各时期都扮演着重要角色。

虽然随着时间的流逝，这些大运河沿线的古粮仓已成为遗址，不再发挥储粮功能，但应时代发展所需，运河边上仍不断有为漕运服务的"新生"粮仓拔地而起。

2023年5月中旬，记者来到杭州，探访了一座大运河边上在建的现代化新粮仓——仁和粮食储备库（以下简称"仁和粮库"），它也是目前为止杭州建设规模最大的粮仓。采访中，该项目的相关负责人告诉记者，"仁和"这个名字还颇有历史意义："在明朝时候杭州这边的官方粮仓就叫仁和仓，我们沿袭了这个旧称，所以就将它命名为'仁和粮库'。"

一座新兴的"漕运粮仓"：大运河与粮食输送仍密不可分

记者到达仁和粮库建设工程项目时，它正处于推进之中，但园区中大部分储粮、运粮设施已基本完工。负责人表示，计划中它将很快具备竣工条件，并于年底投入使用。

进入园区大门，沿着还未铺装的路面往里走，只见两排仰着头才能看清全貌的巨大白色圆筒形粮仓"浅圆仓"巍然挺立，它们每一个的直径和高度都达数十米，建成后每个"筒"可储存大量粮食。

从"巨筒"阵列中间穿过，往左望去，是一排排整齐的平房仓，而往右望去，却是一片宽阔的水面，那是专为乘大运河而来的粮食们准备的"VIP码头"。

仁和粮库模型（谭羽清摄）

修建中的粮食"VIP码头"（谭羽清摄）

巨大的浅圆仓（谭羽清摄）

在"粮食码头"尽头，还耸立着一座跨越水道，比浅圆仓更高的"大门"，它由多座粮食提升塔构成，用于水运粮食的快速入仓。由于其"天圆地方"的造型，项目的工作人员给它起了个颇具科幻感的别称"时光之门"。

据负责人介绍，仁和粮库园区主要的构成，除了能一眼看到的浅圆仓、平房仓外，还设有大库容的地下油库和高效的大米生产加工车间，不仅能储原粮，还能为杭州市民提供食用油和可直接烹饪的成品粮。

那么，这座现代化的粮仓为何仍要和众多古粮仓一样选址于运河边呢？负责人表示，重要的原因之一就是便利的水上交通："这边上就是京杭大运河的主干道，我们的粮食运输以水路为主，水路的交运输条件比较好，成本比较低，如果都采用陆运，成本就比较高。"此外，负责人也提到，将来粮仓的小部分粮食也会采用陆运，因为此地还靠近高速公路，车辆的交通也较为便利。

可以想象，当仁和粮库正式投用后，一艘艘来自江苏、安徽、河南、山东等地的庞大货船满载小麦、稻谷顺水而来，停泊在巨大的"时光之门"下等待卸粮，将会是怎样一番壮观又充满着丰收喜悦的场景。

一座绿色的智慧粮仓：为大运河边粮仓实现科技赋能

古时，当粮食乘船来到运河边的粮仓时，多由工人搬运入库，而在现代化的仁和粮库，这样需要耗费大量人力的场景将不会重现。据负责人介绍，当运粮船抵达粮仓的码头后，粮食的转运工作基本都会由机器"代劳"。

首先，专业的吸粮机会把粮食从船里吸上来，让它们通过输送带输送到"时光之门"，即粮食的提升塔。随后，提升塔上的输送站会将粮食"分流"到周围的粮仓、加工车间，进行储存或处理。在这一系列过程中，只需要少量工人在提升塔的操作台上进行操作，便可完成货船上粮食的安置。

当然，被赋予"智慧粮仓"称号的仁和粮库可不仅有机械化进出仓这样的"硬功能"，还同步开发了一系列软件，包括粮食进出系统、温度监测系统、办公自动化系统（OA，Office Automation）等。配合硬件设施，众多反映粮仓状况的数据都能被记录在系统中，以供相关工作人员便利地查看。

负责人表示，这样系统化的数据，一方面方便了粮仓的内部管理，另一方面也将助力上级部门对仁和粮库的监管——"所有的数据我们都会上传到浙江省粮食局那边，他们可以全部都看到"。

除此之外，仁和粮库投用后，还会采用一系列"绿色储粮技术"，让粮食在储存的过程中更加环保、安全。"以前我们在保管粮食的时候如果有虫害，会采用熏蒸杀虫，而熏蒸所用的磷化氢气体带有一定毒性。现在我们采用的则是'富氮低氧'的绿色储粮方式。"负责人说道。

所谓"富氮低氧"气调储粮技术，就是将粮食注入粮仓后，往粮仓中不断充氮气，将氧气置换出来，直至粮仓里的氮气浓度达到98%以上，然后如此保持约2个月，即能将粮食中的害虫杀灭，在这之后，只需适时补充氮气，让粮仓中的氮气浓度保持一定水平，就能有效防止粮食生虫霉变，确保粮食品质。

一座"古典"的现代粮仓：折射出大运河的"变"与"不变"

走在仁和粮库园区靠大运河的一侧，可以看到粮库办公区的建筑都是"青瓦白墙"，设计得古色古香，带有非常多古典优雅的"江南元素"。远远看去，它们和大运河一同构成了一道美丽的风景线。"运河是世界文化遗产，我们希望粮库的外观也能更加契合运河的整体文化。"负责人解释道。

从毕业后就在杭州工作的他已和杭州段的大运河"相识"十几年

了，在这期间，见证了这段大运河的许多变化，包括河水水质大大提升，河道两旁的景观越发繁华美丽，在旅游旺季游览大运河的船只往来不绝……

在这位负责人看来，粮仓作为大运河周边从古至今最重要的设施之一，随着荏苒的时光，可以说"没变"，也可以说"变"了："不变的话，就是运河流淌了几千年，河道都是在这个位置，而现代新建的一些粮仓也会选址在河道旁；变的话，就是运河周边的粮仓的仓储技术有了很大的提升，是科技含量高，非常现代化的设施。"

他还表示，现今大运河对我国粮食的运输仍具有重要意义："运河作为我们中国几千年留下的文化遗产，也是我们'南粮北运'的一个重要的航线，它将继续发挥在'南粮北运'中的重要作用，因此，我们这座以储存水路运输的粮食为主的仁和粮库也算是'应运而生'。"

（封面新闻记者 谭羽清 苟超）

阳光与风　"驱动"绿色驿站

现代运河"水上驿站"的新使命

延绵3200千米的中国大运河，被称为古时的"水上高速公路"。就像现在的高速公路都设有服务区，作为船只服务区的"水路驿站"也是大运河上的重要基础设施。

资料显示，到了明代，在京杭大运河上千米的流程中，沿途一度建有72座驿站。其中包括目前我国规模最大、保存最完好的盂城驿；令元代文学家揭傒斯有感而发，留下名句"杨柳青青河水黄，河水两岸苇篱长"的杨青驿；从南方沿水路进京的最后一个京门驿站，承担着外事交流重任的"京门首驿"潞河驿等。

在古时，如潞河驿这样的重要驿站往往设施完善，建有码头、驿亭、主院、配院、厩房等。到了现代，大运河边的驿站发生了怎样的演变与进化？

封面新闻记者来到浙江嘉兴，探访一座在2022年8月启用，位于大运河沿岸的新兴"水上驿站"——钱码头水上综合服务区（以下简称"钱码头服务区"）。在这里，记者看到了现代"水上驿站"的模样，它不仅实现了低碳绿色，拥有颇具科技感的数字化系统，还致力于为大运河上的"跑船人"提供更好的人文关怀……

钱码头水上综合服务区（嘉兴市港航管理服务中心供图）

　　嘉兴市港航管理服务中心思古桥港航管理服务站的工作人员许飞告诉记者："我们是嘉兴市首个建成的低碳服务区，将来会对整个嘉兴市的水上服务区起到示范作用。"这或许意味着，钱码头服务区珠玉在前，未来大运河沿线或将涌现出更多由阳光与风"驱动"的绿色驿站。

低碳：捕捉阳光与风"充能"的水上驿站

　　来到钱码头服务区，大概很多人第一眼都会被其岸线上一座高高竖起的洁白"大风扇"吸引，那是一台风力发电机。

　　风能，是一种清洁可再生能源，利用好风电是实现低碳的重要途径

钱码头服务区的微风风机（谭羽清摄）

之一。但在一般的认知中，风力发电机往往被安置于山区、草原、荒漠等人烟稀少的开阔地区，为什么在船来船往的大运河驿站旁，会出现一台风力发电机呢？

据许飞介绍，这其实是一次创新尝试："服务区所在地的风力条件基本满足安装风力发电机所需的环境要求，所以就考虑进行这么一个试验性的尝试，安装了这台微风风机，以观察测试风电的效果如何。"

他表示，经估算这台风力发电机每年能发电约1万千瓦时，预计能维持钱码头服务区1个月左右的运行用电，"其实如果其他服务区具备相应条件，也可以安装这种微风风机"。

太阳能板覆盖在钱码头服务区的建筑顶部（嘉兴市港航管理服务中心供图）

　　不过，除了这"一枝独秀"、尚处试验阶段的风力发电机，其实"低调"地覆盖在钱码头服务区建筑屋顶的大批太阳能板才是提供"低碳电力"的主力军。这些太阳能板的总装机容量为94.38千瓦，预计年发电约10.5万千瓦时。

　　"而且我们的光伏发电是采用的一个'自发自用，余电上网'的模式。"许飞说道，并表示服务区自己消纳后的"余电"以每千瓦时0.42元上网，为服务区外的低碳事业做贡献。

绿色：用"船舶污水"浇花

　　走在钱码头服务区的河道边，可以看到沿岸有许多约一人高的白色铁箱，而在岸线的中间段，还安置着两个更大的蓝灰色铁箱。许飞解释，其中白色的设备是能为货船供电的岸电桩，而蓝灰色的铁箱则是钱码头服务区用于接收船只污染物的装置。

　　太阳能与风电能让钱码头服务区在用电方面实现低碳，而这两台设备和船舶污水接收站房则帮助了它与停泊其上的船只走向了绿色，避免或减轻以往水运可能造成的一些环境污染现象。

货船停靠在钱码头服务区的码头（谭羽清摄）

　　"我们服务区的船舶污水接收站房具有船舶污水回收功能。现在经济发展更加注重对水域生态环境的保护，相关的政策法规已禁止船舶生活污水直接排入内河水域，船户日常生活产生的生活污水和机舱内的油污水是通过我们设备提交上岸的。"许飞表示，通过提供这些设备，再加上日常监管，能有效提升船户的环保意识和自觉。

　　而这些生活污水和油污水被接收上岸后，不会像在普通水上服务区一样被全部转运出去，而是会先被"废物利用"一番。据许飞介绍，钱码头服务区配备了一系列的自处理系统，处理完后的水可以直接用于绿化灌溉，处理过程中产生的少量残留物会被转运到更专业的污染物处理场所，"这样在整个过程中能够减少污染物的转运，更加低碳环保"。

　　除了接收污水垃圾，钱码头服务区为船舶提供的岸电桩则能减少船户们柴油发电机的使用，让船只不必在码头停靠时仍使用柴油发电。

　　岸电桩其实还是一个多方受益的解决方案，不仅有利于环保，还对货船有着较大的经济效益。"如果他们开着柴油发电机来发电，一天可能要花费一两百块钱。如果用岸电，我估计一天可能只需十几块。"许飞说道。此外，据他估算，每日平均约有30～40条船只停靠在他们服务区，每月换算下来的环境、经济收益还是较为可观的。

数字：点点屏幕，驿站设施"全可视"

　　古时，如盂城驿这样的大型水马驿，往往承担着重要的政治、经济和军事任务，有着严格的管理制度。想要驿站提供车、船、马、人夫运送公文和物品，往往需要出示凭证"邮符"，其中官府使用时凭勘合，兵部使用时凭火牌。

　　而现下的水路驿站相比于古时的驿站，功能其实发生了些许转变，更多的是为经停船只们提供落脚、休整的场所。不过在这种场景下，对船只进行适当管理，让它们能有序停靠依然十分重要。这样的需求下，钱码头服务区的"船舶停泊管理系统"应运而生。

钱码头服务区办公区的数字大屏（谭羽清摄）

"船户在'浙里办'（一款基于浙江政务服务网一体化平台能力的App）里可以看到这个画面，如果看到（服务区）比较拥挤，可能就会改变航行计划了。"许飞说道。随着他点击屏幕，在服务区的数字大屏上除了能看到向船户公开的码头实时画面外，还能在其他页面看到停靠船只的船舶名称、识别号、类型、位置等管理所需的详细信息，既提高了船舶停泊效率，也方便服务区工作人员的日常服务和管理。

值得一提的是，在钱码头服务区，不仅实现了对船只管理的数字化，还通过相关技术手段，克服种种难点，完成了对服务区内部能耗管理的数字化。

据许飞介绍，目前钱码头服务区的"能耗监控系统"能够监控到此地所有需要减碳的环节，包括光伏、风力发电以及污染物接收等方面的减碳量，而且光伏逆变器、岸电桩等设施的运行情况都能实时显示在系统中。"它还具有警报功能，例如如果光伏发电出现故障，它能实时通知我们。"

人文：未来将进一步丰富船户们的精神生活

"（这些水上服务区）是近年搞起来的，以前停的地方都没有，中途要休息就只能随便找个地方停一下。"在钱码头服务区的岸线边，记者遇到了一位有着近30年跑船经验的李师傅，他正载着一船水泥厂用的钢渣，准备前往浙江省嘉兴市桐乡市的石门镇。

在交谈中，记者也仿佛看到了大运河及其沿线设施的变化：从前李师傅跑船时常常要提高警惕，提防着划皮筏艇而来的小偷；因为没有合适的停靠地点，他和妻子吃住都在船上……而如今，虽然在水上奔波依然劳累，但因河道及沿线治安的整治，让他们开起船来也放心得多，途径设施齐全的"水上驿站"还能充充电，省下一些油钱。"好用，还经济省钱。我们发'小机'一个小时多少钱？而且这还没有噪声，还是环保的。"聊到收费的岸电桩好不好用，李师傅乐呵呵地说道。

而采访中许飞还向记者表示，作为"入浙的第一站，嘉兴的北大门"，钱码头服务区未来将会进一步提升服务区的服务功能，不仅计划投入使用更多充电桩，进一步满足船户的基本生活需求，还计划提供更多特色服务，丰富"跑船人"的精神生活。例如，将目前的"船员驿站"打造成一个文化宣传基地，用以介绍嘉兴的文化，或是进行嘉兴港航、水上执法部门的政策法规，以及应急安全救生知识的普法宣传等。"这里的船户大部分来自外地，包括安徽、山东、江苏、河南等地。"对于为何做此设想，许飞解释道。据他介绍，目前钱码头服务区已为船户们提供过春节团圆宴、爱心义诊等特色服务。

（封面新闻记者　谭羽清　苟超）

结　语

当我们沿着运河行走时，我们在寻找什么？

亘古不变的江河，奔腾着中华民族波澜壮阔的往事。

中国大运河是世界上开凿历史最早、沿用时间最久、长度最长的人工运河。它在国家统一、政权稳定、经济繁荣、文化交流和科技发展等方面发挥了不可替代的作用。

沿着这条智慧之河、勇气之河、文化之河、科技之河缓步而行，仿佛可以触摸到一座座城市的灵魂线、生命线。

那些辽远的过往，从阳光的罅隙中缓缓走来，没有一丝惊涛骇浪，历经的汹涌却早已澎湃胸中。

一路寻访，一路倾听，一路感动……无需苦苦追问，大运河回答了。

拂去往事中的尘埃，一砖一瓦实证先民的智慧；轻嗅静谧下的青苔，一草一木诉说历史的冷峻。

不能遗忘的，是前人踯躅前行锻造的光辉。

勿敢低估的，是后人沐浴福泽感恩的分量。

未曾散去的，是天地智慧交融炽热的温度。

申遗是回溯、是展望，是认知，是感悟，是为了更好地保护利用，精心守护先辈留下的文化遗产，传承历史文脉，而不是目的。

找回荣光，回归它在历史上应有的分量；寻求发展，让不可再生资源得到妥善地开发、利用和管理。

让爱更爱，让痛更痛，让懂得更懂，历史、现实与未来，在这一刻如血脉般贯通。

无论何时何地，让我们铭记这条伟大的运河。

在铭记中自省，留住城市的根脉，找到自我的历史与文化的凭据；在铭记中蝶变，令其变为今天的文化认同，形成社会凝聚力、国家凝聚力，助推城市可持续发展。

劈山夺水开天河，奋楫笃行在今朝。

传统产业推陈致新，新兴产业与日俱新，未来产业打牢人才基础……21世纪，运河边的城市正在以颠覆性技术和前沿技术催生新产业、新模式、新动能，发展新质生产力。

在河之洲，再度启程，壮歌一曲礼赞新时代。